AF358702

CÓMO VENCER EL ESTRÉS LABORAL

HAZ DE TU MENTE UNA ALIADA

LOLA LÓPEZ

www.vencerestreslaboral.guiaburros.es

Diseño de cubierta: © Marta Villarín (EDITATUM)
Maquetación de interior: © EDITATUM

Primera edición: julio de 2021

ISBN: 978-84-18429-29-3
Depósito Legal: M-20857-2021

IMPRESO EN ESPAÑA/ PRINTED IN SPAIN

Si después de leer este libro, lo ha considerado como útil e interesante, le agradeceríamos que hiciera sobre él una **reseña honesta en cualquier plataforma de opinión** y nos enviara un e-mail a **opiniones@guiaburros.es** para poder, desde la editorial, enviarle **como regalo otro libro de nuestra colección.**

Sobre la autora

 **Lola López** es licenciada en Psicología por la Universidad Complutense de Madrid y especialista en Psicología empresarial.

Es profesora de *Mindfulness* (MBSR) por las Universidades de Massachusetts y Brown y Máster en Recursos Humanos por el Instituto de Empresa (IE).

También es experta en psicodinámica de grupos para empresas además de diplomada en Psicología de las Organizaciones y en Psicología Positiva.

Es socia-directora de Mindfulness Psicólogos empresariales en donde imparte programas de formación para la reducción del estrés, Gestión e Inteligencia Emocional y Liderazgo Consciente, para diferentes empresas privadas e instituciones.

Profesora de la escuela de Gobierno y Liderazgo de Colombia para Latinoamérica.

También es psicóloga-directora de Psicología y Mindfulness Madrid donde trabaja en colaboración con distintas instituciones formativas.

Miembro acreditado de la School of Public Health de la Universidad de Brown.

Ha desarrollado su labor profesional durante veinticinco años como psicóloga y responsable de selección en el Instituto de Empresa Business School (IE).

Autora de los libros *Mindfulness para empresas. La excelencia empieza en ti*; *GuíaBurros: Mindfulness. Programa de reducción del estrés* y *GuíaBurros: Aprende a gestionar el estrés.*

Agradecimientos

*Dedico este libro a mis padres,
por su amor incondicional, sus enseñanzas y
su ejemplo de vida.*

*También se lo dedico a mi hija Patricia,
que enriquece mi vida cada día y la llena de mayor sentido.*

*A mis hermanos y a mis amigos más queridos,
por su apoyo y cariño a lo largo de los años.*

*Me gustaría dedicárselo, además, a todos aquellos que favorecen
al ser humano en sus puestos de trabajo y ayudan al cuidado de
las personas en el entorno laboral. También quiero dedicárselo a
aquellos otros que se ocupan de sí mismos para hacerse cada día
más resilientes, satisfechos y felices, contribuyendo a una mayor
salud personal, colectiva, social y laboral.*

Mi agradecimiento también a Editatum, por su confianza.

*Finalmente os doy las gracias a todos cuantos estéis leyendo este
libro, por el interés en aquello que nos empuja y transforma,
que es el estrés. Gracias a vosotros seguiremos avanzando como
personas y como trabajadores en las empresas y organizaciones.*

Índice

Introducción

El estrés es la gran pandemia del siglo XXI. La mala gestión del estrés produce muchas enfermedades, disminuye el bienestar y perjudica directamente la salud de las personas. Pero el estrés, contrariamente a lo que podríamos pensar, es algo necesario, pues gracias a la frustración y demás efectos desagradables que produce podemos avanzar, crecer como personas y encontrar nuevas oportunidades. Ante todo, el estrés es un mecanismo de supervivencia.

La clave reside en dejar de ver al estrés como un enemigo y convertirlo en un aliado; en abrazarlo en vez de resistirnos a él, pues de la aceptación viene el compromiso, hacia nosotros mismos y hacia los demás, de ser mejores y más felices y de poder solucionar con éxito las adversidades que la vida nos vaya poniendo a nuestro paso. Por mucho que en principio el estrés sea un mecanismo de supervivencia que nos puede ser muy útil a la hora de progresar, lo cierto es que, en muchas ocasiones, en vez de ayudarnos nos sobrepasa, y por ello vamos a tratar en este libro de entenderlo para gestionarlo mejor.

Lo que incide negativamente ante el manejo de los desafíos que nos pone la vida por delante es la limitación de nuestras capacidades para afrontar el estrés que nosotros mismos muchas veces generamos debido a nuestra interpretación de la realidad que nos sumerge en un mundo mental lleno de pensamientos negativos sobre nosotros y las situaciones que nos afectan. No en balde tenemos un sistema de creencias adquiridas durante largo tiempo que nos hacen ver la realidad de una forma determinada. Lo peor, es que muchas de estas creencias nos limitan.

Las circunstancias adversas suponen un reto del que podemos, sin duda, salir vencedores y favorecidos, pues poseemos las capacidades necesarias para hacerlo. La mayoría de las veces basta con creer que verdaderamente las poseemos, porque si no tenemos constancia de su existencia difícilmente haremos uso de ellas. Otras veces, quizá solo se trata de ajustar nuestra lente mental, o cambiarla por otra más efectiva que nos permita adaptarnos mejor a los desafíos.

En cualquier ámbito de nuestra vida, necesitamos sentir seguridad y reducir la incertidumbre que nos amenaza. Obviamente, el ser humano trata por todos los medios de deshacerse del malestar que experimenta ante la adversidad que le hace tambalearse y de perseguir aquello que le gusta y le beneficia, por eso sabe defenderse del estrés.

El bienestar que tenemos depende de muchas cosas. Las circunstancias ambientales son una de ellas. Con toda lógica podemos pensar que tener una vida más o menos ordenada donde lo que nos ocurre está dentro de la normalidad que somos capaces de gestionar es lo más deseable, pero esto no siempre sucede así. En ninguna esfera de la vida de una persona, incluida la laboral, se nos despliega un escenario "a la carta", entonces es cuando ha de intervenir necesariamente nuestra buena gestión del estrés.

Sabemos que nuestra fuerza volitiva y recursos para superar el estrés dependerán de muchas cosas, pero especialmente del barniz interpretativo que le demos a lo que nos pasa, y esto depende de nuestra mente, que genera los pensamientos que, a su vez, generan las emociones. Pero nuestra mente es algo que podemos entender, entrenar y positivizar. La mente sirve como el mejor antídoto contra el estrés que soportamos, pero también puede poner a este en nuestra contra al hacerlo más prolongado y grave al no dejar de rumiar los pensamientos tóxicos que ella misma ha generado.

Una de las cosas que necesitamos las personas para tener bienestar es estar bien en el trabajo. El malestar en el área laboral es la primera causa de estrés entre las personas. Y es que el trabajo es muy importante en nuestras vidas, pues en él pasamos gran parte de nuestro tiempo, siendo esta una actividad que tiene un papel esencial en la felicidad del individuo. Este libro se ocupará especialmente de todo aquello que nos puede afectar en el trabajo, pero, sobre todo, de nuestros recursos y capacidades a la hora de gestionar el estrés, pues, sin lugar a dudas, está en nuestra mano el ser capaces de aminorarlo y defendernos de él.

El mundo que vivimos es un lugar frenético que, aunque ha mejorado notablemente en muchos campos, hace que nos sintamos amenazados por la sensación de volatilidad e inestabilidad que generan sus incesantes cambios. La adaptación a los mismos por nuestra parte nos somete a una prueba permanente de resistencia psíquica. En toda esta incertidumbre, supone un gran alivio para nosotros el que podamos resolver, por nosotros mismos, el estrés con el que tenemos que lidiar día a día, lo cual no siempre es fácil. Qué duda cabe de que las empresas comprometidas con las personas, las cuales apuestan por el concepto de "empresa saludable" y además optimizan las condiciones laborales en la medida de lo posible, se preocupan por el aspecto humano ayudando a la gente a reconocer y gestionar su estrés, dando así oportunidades de mayor crecimiento personal y desarrollo profesional. El resultado final es, en definitiva, que con estas medidas no solo se favorece a las personas, sino que se fomentan entornos de trabajo más productivos, equilibrados e inteligentes.

Históricamente, el tema del estrés no ha ocupado tanto tiempo y esfuerzo en el cómputo de la prevención global. La sostenibilidad humana, entendida como la preocupación y ocupación por el individuo como individuo, está menos desarrollada en lo que concierne a su parte psicológica. Por eso necesitamos urgentemente, para estos días que vivimos llenos de incertidumbre y estrés, técnicas, formación, instrumentos y entornos que favorezcan la buena gestión del estrés. Pero también tenemos que seguir investigando para conseguir un completo marco de referencia sobre las consecuencias del estrés mal gestionado en las organizaciones laborales, eliminando los perjuicios sobre este en la medida de lo posible. Aún queda mucho por hacer.

En efecto, el *burnout,* o "estrés laboral", es un problema al que se enfrenta, cada día más, el mundo empresarial, y también las personas en activo. Debido a lo difícilmente que se puede interpretar, entender y manejar las consecuencias derivadas del estrés, aún puede considerarse como una asignatura pendiente en la sociedad, en el mundo laboral especialmente, y la forma de gestionarlo, una de las tareas más importante a desarrollar por las personas en las empresas.

El estrés exige por nuestra parte un reconocimiento, pero también una gestión y una adaptación al mismo. Aunque son las empresas las que deben colaborar impregnando la cultura organizacional de sincero interés por el individuo no solo como trabajador, sino también como persona, mejorando así la calidad y las condiciones del entorno laboral. Del mismo modo, los trabajadores también deben preocuparse por sí mismos y por su bienestar tanto dentro como fuera del trabajo. Necesitamos saber *cómo vencer el estrés laboral,* el objeto de este libro.

Cuando el estrés se acumula en el tiempo es más complicado gestionarlo adecuadamente. Por ello es mejor conocer antes todas aquellas premisas que nos hacen más fuertes ante él y los recursos con los que contamos para enfrentarlo.

Es prácticamente imposible trabajar sin estrés, pues el estrés es inherente al hecho de vivir. Es más, sin él no haríamos nada, pues una cierta dosis de intranquilidad nos impulsa a conseguir nuestros logros. Nos incita no solo a subsistir, sino a obtener resultados y alcanzar metas. Pero a veces las condiciones laborales son tan adversas, o nuestros "tanques de resiliencia" están tan vacíos, que de forma inevitable, los efectos negativos empiezan a notarse subjetivamente y los malos resultados objetivos se manifiestan de una forma clara tarde o temprano, siendo una necesidad contundente hacer frente a la situación.

Es bien sabido que cuando no se puede afrontar adecuadamente el estrés decae nuestro bienestar, se resiente nuestro organismo a todos los niveles y, como consecuencia directa, decae también el rendimiento, la productividad, la satisfacción y el compromiso en el trabajo a la par que aumenta el absentismo. Esto no solo afecta a la empresa, sino mucho más, y más directamente, a nosotros mismos.

El gran reto que tenemos por delante no es acabar con el estrés, pues como ya hemos visto también nos es necesario, sino mejorar las condiciones de laborales para reducirlo. Pero cuando esto no sea posible y no podamos contar con la mejor de las opciones, lo ideal será lograr la suficiente resiliencia para hacerle frente, y esto depende mucho de nosotros. Es una decisión y un esfuerzo individual crecer en resiliencia. Este esfuerzo debe partir del convencimiento de que somos realmente capaces, así que recuerda que lo somos.

Empeoramos cuando nuestro malestar se prolonga en el tiempo o cuando no vemos expectativas de mejora. Entonces, las señales inequívocas ante el estrés, que nuestro cuerpo despliega, se acumulan y dañan nuestro sistema inmunológico, hormonal, endocrino, neurológico, etc. aumentando el riesgo de sufrir enfermedades, así como de desarrollar ansiedad y depresión. Por eso, lo mejor es saber cuándo estamos llegando a nuestro límite de resistencia para poder tomar medidas a tiempo y que este estrés no se haga crónico menoscabando significativamente nuestra salud.

Todo el mundo está estresado alguna vez o bien ante contrariedades cotidianas que se van presentando, o ante acontecimientos dolorosos vitales por los que todos pasamos tarde o temprano (muertes, separaciones, enfermedades, perdidas…). La vida es una carrera de salto de vallas y el estrés es inherente a ella, pero si este no nos sobrepasa conseguirá motivarnos y empujarnos para que alcancemos nuestras metas.

Si creemos que ante los problemas planteados en las situaciones que vivimos no hay nada que hacer, estamos perdiendo de antemano la batalla. Todos tenemos, potencialmente, recursos y energía suficiente para defendernos de lo que nos incomoda o nos hace sufrir, pero muchas veces no lo sabemos hasta que no llega el momento de sobrevivir, sea como sea, o de enfrentarnos con una realidad desagradable. Digamos que no nos queda más remedio que usar las defensas innatas que tenemos, aunque no hayamos nunca reconocido en nosotros esas capacidades.

Si gestionamos bien el estrés, aunque las circunstancias sean muy adversas, disfrutaremos más con nuestro trabajo, y como consecuencia, disfrutaremos también mucho más de nuestro tiempo libre. No siempre está en nuestra mano cambiar las circunstancias, pero si al menos entenderlas y aceptarlas para saber gestionarlas mejor.

Lo que nos sucede también depende de lo que la mente espera encontrar. Esta actitud de partida, es decir nosotros con respecto al mundo, es como un espejo mental que debemos resetear de vez en cuando para tener más claridad mental. Esta claridad nos pone en la antesala de la positividad y facilita mucho las cosas.

Estar mal en el trabajo nos hace no implicarnos en él lo necesario. Eludimos responsabilidades para no tener que dar cuentas de nada. Puede convertirse en un letargo permanente si no llega una solución y no podemos esperar que los demás la encuentren por nosotros, ya que está nuestra salud en juego.

La fuerza psíquica que tengamos y una buena reserva de recursos personales nos vendrán muy bien en muchas vicisitudes que se van presentado a lo largo de la vida.

En definitiva, en este libro, sobre todo abordaremos el estrés laboral desde un punto de vista individual, tratando de entender los mecanismos y recursos que nos ayudan a gestionarlo mejor desde uno mismo. Repasaremos todo lo que está en nuestra mano para poder cuidar de nuestro propio bienestar. Hablaremos fundamentalmente de la prevención como factor determinante que nos hará más fuertes y nos dará las herramientas para el afrontamiento y la gestión del estrés.

23

El estrés

El estrés es una respuesta espontánea de nuestro organismo ante una amenaza. Cuando es muy prolongado y no conseguimos volver al estado de reposo después de haber desaparecido el estímulo que lo provoco, pasamos del estrés (estrés bueno) al distrés (estrés malo). Lo podemos definir como malo o bueno dependiendo de si nos impulsa o nos bloquea y colapsa. Cuando llega el distrés, lo que antes nos serviría para avanzar positivamente, defendernos de posibles peligros y salvaguardar nuestro bienestar, empieza a desequilibrar nuestro organismo a todos los niveles.

En efecto, el estrés sirve para despertar los sistemas de alarma en el individuo con el fin de que este se adapte a las circunstancias del entorno, pero cuando estas demandas exceden nuestros mecanismos de adaptación durante mucho tiempo, se produce el distrés, que es el estrés patológico o crónico. Es entonces en el distrés cuando percibimos cualquier amenaza como excesiva, por muy pequeña que esta sea y nuestros recursos se ven desbordados fácilmente.

El estrés puede ser cualquier cosa que nos haga sentir mal, incómodos o amenazados. Puede ser desde un pequeño susto al cruzar una calle, hasta tener un accidente importante o que nos ocurra un acontecimiento muy traumatizante como la perdida de alguna parte de nuestro cuerpo, la muerte de un ser querido o un gran desengaño amoroso. Se puede dar en todos los ámbitos, tanto en el personal, como en el social y el laboral. Es importante saber que para que el estrés sea considerado insalvable no tiene por qué haber sido necesariamente producido por un acontecimiento especialmente desagradable, pues los efectos del estrés dependen más de la persona y su resiliencia que de los hechos objetivos.

Cuando se da lo que llamamos un estresor, que puede ser una circunstancia externa o una circunstancia interna como una emoción o un pensamiento, pues estos últimos se pueden convertir en los mayores estresantes, simplemente tratamos de defendernos para evitar la incomodidad o reducir el sufrimiento que nos produce.

Al considerar que estamos ante una situación de amenaza, experimentamos una reacción automática de alarma y nuestro cuerpo se prepara para una acción de huida o de lucha, si somos incapaces de hacer cualquiera de estas dos cosas, colapsamos. Por eso, antes de que esto ocurra, nuestro organismo se prepara para defenderse o escapar ante los peligros y los problemas.

Podemos observar que a veces el acontecimiento más nimio puede provocar en nosotros una reacción desmesurada. Esto nos demuestra que el potencial estresante no reside tanto en el estresor como en el modo que nosotros lo percibimos y lo gestionamos. Esta forma de gestionar está vinculada también, en cierto modo, a nuestro momento de saturación psíquica personal producido por la presión continua a la que nos enfrentamos. Cuando surge una situación de estrés, que es toda situación frustrante, incómoda, peligrosa, desagradable… comenzamos a producir hormonas como la adrenalina y el cortisol, que a su vez generan un aumento en la concentración de glucosa en la sangre. Todo ello facilita un mayor nivel de oxígeno y energía, cuyo objetivo es protegernos, sobrevivir y/o adaptarnos, enviando esta energía a aquellas partes del cuerpo que utilizaremos como defensa, o sea, las piernas para correr, las manos para defendernos, etc., es decir, a aquellos miembros del cuerpo que nos servirían para salir huyendo o atacar.

Cuando el estrés se prolonga demasiado en el tiempo, se acumula la indefensión ante él por nuestra parte, por lo que empiezan a notarse los efectos negativos que este tiene sobre la atención, la memoria y otras funciones cognitivas. Al acumularse y desbordarnos, las funciones ejecutivas (ubicadas en nuestra corteza prefrontal cerebral), disminuyen u operan de forma errónea, las emociones nos sobrepasan y esto provoca un círculo vicioso que produce mayor estrés. La red neuronal por defecto se pone en funcionamiento disminuyendo las funciones de la red ejecutiva responsable de nuestra capacidad de raciocinio, con la que pensamos lógicamente, tomamos decisiones, aprendemos, memorizamos, etc.

Pero así como nuestro cerebro está preparado para defenderse de acontecimientos externos de una forma automática, también lo está para hacer lo propio ante fenómenos internos como pueden ser los pensamientos incómodos o amenazantes que pueden surgir. Como resultado de estos pensamientos incontrolados, que nos hace sentir mal, nos defendemos de la misma forma que si tuviéramos un león enfrente dispuesto a lanzarse sobre nosotros…, cuando en realidad, el enemigo está dentro y desgraciadamente somos nosotros mismos. La consecuencia es que al defendernos, como lo haríamos ante un peligro real, gastamos también muchas de nuestras energías y recursos por un estrés añadido que nos autogeneramos y no corresponde realmente a un peligro físico y objetivo.

La respuesta al estrés, provenga el peligro desde fuera o desde nuestros pensamientos, es siempre la misma. No distinguimos si estamos delante de las fauces de un león o tan solo ante un miedo irracional creado por nuestra mente. Nuestro cerebro no sabe distinguir entre lo que es real y lo que no lo es, siendo por ello por lo que este reacciona del mismo modo ante amenazas tanto reales como ilusorias.

Cuando hay distrés emocional, es decir, cuando el estrés acumulado es demasiado toxico y patológico, se produce un desgaste en el organismo. Lo que era una función protectora del estrés, se transforma radicalmente generando un desequilibrio en el cerebro y en los sistemas nervioso, inmune y endocrino.

Como decimos, la amenaza que nos hace ponernos en estado de alerta puede ser real, pero también imaginaria. Cuando es nuestra mente quien imagina o interpreta generando mayor peligro, agrandamos el estrés y entramos de lleno en la esfera del miedo. Muchos de nuestros problemas, si dejamos de lado el factor miedo, no suelen ser para tanto, pero nuestra mente los puede hacer inmensamente más grandes, amenazantes y duraderos si no conseguimos darnos cuenta de los pensamientos tóxicos que generamos en torno a ellos y los sentimientos desagradables que surgen en consecuencia.

El estrés y el dolor emocional existen y aparecen muchas veces en nuestra vida, aunque no lo deseemos. Este es un hecho incuestionable. Por tanto ante esta evidencia, hemos de tratar de modificar nuestra actitud hacia las dificultades que nos trae la vida y de ser conscientes de que el dolor y el placer son experiencias humanas que no podemos esquivar. Sobre todo, debemos recordar que tenemos capacidad para gestionar los malos momentos si sabemos en primer lugar interpretarlos mejor y confiar más en nosotros mismos a pesar del miedo. No en vano, Seligman, psicólogo que acuño el término de "indefensión aprendida", dice:

"El potencial estresante no depende tanto del estrés como de nuestro modo en que lo percibimos y gestionamos".

Seligman demostró con ratas como estas aprendían el hecho de que no se podían defender. Después de administrarles descargas eléctricas en laboratorio en distintas partes del cuerpo, los animales asumían que era inútil lo que hicieran, ya que cuando aprendían a defenderse de la descarga aplicada en una parte de su cuerpo, el investigador le administraba la descarga en otra parte. Al final aprendían la indefensión, percibían que no tenían ningún control sobre el estímulo estresante y morían. Esto mismo nos pasa a los humanos. Cuando a una persona se le castiga continuamente haga lo que haga, o en su vida se producen uno tras otro, acontecimientos muy negativos que no consigue superar, desarrolla la indefensión aprendida. La persona deja de responder para generar un alivio, porque asume que, haga lo que haga, no podrá escapar del castigo. Esto es común en muchos tipos de depresión y se da cuando las situaciones de crianza han sido extremadamente malas o autoritarias. Lo mismo nos ocurre en la vida: podemos tener ganas de rendirnos cuando una y otra vez nos salen mal las cosas y asumimos que no tenemos ningún control sobre ellas.

Podemos decir que el estrés se convierte en distrés o estrés patológico cuando las demandas del entorno agotan o exceden los recursos propios que la persona tiene para defenderse. En algunos casos, desgraciadamente, la mala respuesta ante estas presiones está condicionada por las creencias que hemos introyectado de que nosotros no somos lo suficientemente válidos para muchas cosas, en base a experiencias negativas que hemos tenido. Es decir, hemos aprendido que somos incapaces y estamos indefensos ante determinados acontecimientos por el hecho de sentir impotencia ante ellos y no haber sabido, o podido, en algún momento de nuestra vida, afrontarlos. En la vida de las personas se dan fluctuaciones vitales, pero también hay una serie de contrariedades o conflictos que se pueden ir acumulando y ante los que tenemos que reaccionar.

Cuando llegan situaciones amenazantes, entra en juego nuestra interpretación de los hechos y el subsiguiente afrontamiento de estos para poder defendernos. Es lo que nosotros interpretamos de la situación estresante lo que va a marcar nuestra gestión de la misma.

A veces imaginamos desenlaces muy negativos de las situaciones a las que nos enfrentamos porque agrandamos con nuestros pensamientos el problema, anticipando resultados imaginarios nefastos y esto merma considerablemente nuestra capacidad de afrontamiento. Por eso depende mucho de nuestra personalidad como salgamos de bien o mal parados: de nuestra tendencia hacia la negatividad, o por el contrario, a la positividad; ser positivo también es un acto de voluntad.

Si sabemos gestionar el estrés y conocer nuestros límites ante él, este nos ayudará a evolucionar, prosperar y a avanzar en la vida. Es decir, actúa a nuestro favor en lugar de en nuestra contra. Una carga de estrés razonable es necesaria para conseguir nuestras metas. El estar sometidos a un estado de competición nos estimula para obtener buenos logros. Esta situación es la propia de los atletas, en la que no podemos hablar de un estrés malo, sino beneficioso, ya que es el detonante que pone en marcha la vitalidad y la energía positiva necesarias para ser competitivo.

Todos tenemos un nivel óptimo de tolerancia al estrés que depende de muchos factores, entre ellos de los recursos personales de los que disponemos para gestionarlo. Este nivel idóneo es un punto en el cual funcionamos mejor a nivel personal, familiar, laboral o social. La *Ley de Yerkes-Dodson* sostiene que nuestro rendimiento va en ascenso a medida que el estrés va creciendo. Existe un punto en el cual, a mayor estrés, nuestro rendimiento es máximo, pero a partir de ese punto empieza a decaer progresivamente siendo ese el momento en el cual ya no se puede aguantar más presión.

Si el grado de activación que nos produce el estrés está por encima de lo que somos capaces de gestionar, entonces se produce una saturación que desencadena una respuesta inapropiada ante él al haber quedado impotentes para gestionarlo sin comprometer nuestra salud. Este grado de saturación, o de tensión acumulada, acaba agotándonos y quemando nuestras resistencias.

Desgraciadamente, cuando sufrimos situaciones muy largas e intensas de contratiempos, preocupaciones y problemas, nuestra energía se puede acabar debilitando. Es entonces cuando nuestra atención decae y entramos en una espiral de pensamientos rumiantes negativos que no ayudan en nada, sino que, por el contrario, pueden hasta desequilibrarnos emocionalmente. Nuestros razonamientos entonces se pueden volver irreflexivos, obsesivos y cíclicos, incrementando el nivel de estrés en vez de reduciéndolo.

Hay un balanceo constante entre nuestra capacidad de gestionar el estrés y las demandas del ambiente (preocupaciones, presiones, conflictos). Ya hemos visto que si esta balanza se desequilibra, empezaremos a notar los efectos perjudiciales del estrés sobre nuestra salud. También existe como consecuencia aparejada un balanceo continuo entre nuestro sistema nervioso simpático (que nos activa) y el parasimpático (que nos relaja), los cuales forman el sistema nervioso vegetativo, estando ambos en estrecha relación con el estrés. Cuando nuestro sistema nervioso simpático se mantiene por mucho tiempo no equilibrado por el sistema nervioso parasimpático, o sea, cuando la situación de estrés persiste, y no logramos volver a la situación de reposo, nos volvemos cada vez más incapaces de gestionar nuestra ansiedad.

El sistema nervioso simpático (SNS) se dispara con el estrés, produciendo una serie de síntomas corporales: sudoración, palpitaciones, temblores, dilatación de las pupilas, sequedad en la boca, tensión de músculos, aumento de la frecuencia cardíaca y respiratoria, aumento de la presión arterial, disminución de la secreción gástrica y aumento de secreción de adrenalina y noradrenalina.

Cuando el contrapunto de este SNS, que es el sistema nervioso parasimpático (SNP), no consigue equilibrar la tensión y llegar a una homeostasis hormonal y fisiológica en nuestro cuerpo, reduciendo la actividad del sistema nervioso simpático, es que persiste la situación de alarma (dentro o fuera de nosotros), haciendo imposible que nos relajemos. Cuando es muy prolongado, entonces caemos en el distrés o *burnout*. Está comprobado que la buena resolución del estrés depende fundamentalmente de la forma en que valoramos nuestra propia capacidad de encararlo. Si creemos que no podemos con las circunstancias, estas, a la larga, podrán con nosotros. Por otro lado, si podemos tener cierto control sobre la situación, o percibir que lo tenemos, esto nos hará ser más positivos, pues no hay mejor condición para enfrentar las cosas que saber que podemos solucionarlas por nosotros mismos.

Cuando el estrés nos sobrepasa, nos sumimos en emociones de tristeza, ansiedad, desesperanza, incomodidad e impotencia a nivel emocional y a nivel conductual, podemos empezar a desplegar comportamientos no beneficiosos, ni para nosotros ni para el resto de las personas que nos rodean. Por eso, antes de llegar a esta situación de descompensación, es bueno ir percibiendo las señales que nos manda nuestro cuerpo en forma de sensaciones, (dolor de estómago, nudo en la garganta, ganas permanentes de llorar, palpitaciones…), y aprender a escucharlas. El reconocer que todo lo que estás soportando te supera en un momento determinado no es ser débil o significa estar enfermo, pues muchas veces esto no depende de nosotros, sino de aquello que nos toca vivir; además es humano sentirse mal.

Ante el estrés patológico, también podemos defendernos si nos preparamos para ello: esto lo haremos aumentando nuestra resiliencia, lo cual conseguiremos preparando a nuestra mente para hacerla más fuerte sirviéndonos de técnicas de reducción del estrés. El *mindfulness,* o desarrollar la atención en el momento presente, es una de ellas y nos será de gran ayuda. También nos será de utilidad el tener una vida sana donde exista una buena alimentación y un ejercicio continuado y en la que fomentemos nuestra fuerza de voluntad y determinación. En definitiva, hemos de esforzarnos por emprender acciones que favorezcan a nuestro autocuidado.

Podemos concluir diciendo que todos los seres humanos estamos expuestos a muchas circunstancias, algunas de las cuales escapan a nuestro control. Esto es común a todas las personas sin excepción. Pasamos por desgracias personales que son mucho más que simples contratiempos y que nos hacen tambalearnos, pero además hay muchas situaciones frustrantes cotidianas que nos ponen en alerta y ante las cuales necesitaremos encontrar soluciones para aliviar el malestar que imprimen en nuestra propia experiencia vital.

A pesar de que necesitamos sentir el orden y la organización a nuestro alrededor, está muy claro que el cambio es el omnipresente y que este nos hace ser conscientes una y otra vez de que en la vida no podemos tenerlo todo controlado. Siempre habrá incertidumbres más o menos grandes. Hemos ser capaces de ocuparnos de los problemas, pero sin sumergirnos en la culpabilidad al no poder con ellos. Además, todas nuestras capacidades intelectuales y volitivas se desarrollan más en las adversidades. De las frustraciones y decepciones salimos más fortalecidos, pues son el mejor maestro.

Ciertamente, tenemos un gran contenedor mental que carga con ideas, opiniones, hechos no entendidos, emociones no reconocidas, conflictos no resueltos, traumas más o menos dolorosos, experiencias, carencias, expectativas … Este contenedor se va llenando a veces, sin poder descargar, de la toxicidad que se va acumulando en él sin que ni si quiera nos demos cuenta de su existencia hasta que no desborda. Así el malestar, sin nombre ni apellidos concretos, se impone como una losa haciendo que nos sintamos impotentes, indefensos y perdidos, especialmente en situaciones difíciles.

El estrés crónico, o distrés, nos puede dificultar mucho la vida, el trabajo y nuestras relaciones personales y hacernos infelices hasta el punto de que caigamos, en último término, en la temida depresión. Seamos conscientes de los síntomas que desencadenan en nosotros las situaciones adversas ambientales y conectemos con las emociones que provocan para poder gestionarlo mejor. El sentimiento producido por el estrés es tan real que es importante reconocerlo.

Los efectos del estrés pueden provocar una alteración en el funcionamiento del sistema nervioso y afectar al cerebro. Cualquier alteración a nivel fisiológico en el cerebro va a producir alteraciones a nivel de conducta, ya que el cerebro es el órgano que las regula. Muchos de estos síntomas, en conjunto, mantenidos en el tiempo, provocan enfermedades psíquicas y físicas. El estrés aumenta la mortalidad.

La resiliencia

¿Qué es la resiliencia? ¿Qué hace que unas personas sean más resistentes ante ciertos problemas que otras y que consigan salir de un bache y recuperarse?

Este hecho lo vemos frecuentemente en nuestro entorno. Hay personas que consiguen remontar con más facilidad: aquellas con objetivos más claros y con verdadera confianza en sí mismas son las que logran hacerse con el control de sus propias decisiones, aunque les cueste tomarlas. Otros, sin embargo, entran en una "nebulosa negra" y se sienten impotentes ante determinadas circunstancias, estando dispuestos a "tirar la toalla" más fácilmente.

La resiliencia es la capacidad de sobreponerse a los acontecimientos más o menos estresantes y a los traumas y experiencias desagradables que pueden surgir en la vida. Es una fuerza interior psíquica que cada uno poseemos en alguna medida que está condicionada por varios factores. A algunas personas les permite salir de una situación conflictiva más fácilmente, mientras otras, ante las mismas condiciones adversas se hunden aún más, o no lo consiguen.

En efecto, esto depende, en gran parte, de que tengamos una mente sana y un equilibrio emocional, pero también del esfuerzo que hagamos por entendernos, conocernos y cuidarnos para que cuando llegue un verdadero problema consigamos salir de él con más facilidad, o al menos no nos veamos tan perjudicados por él. Esta facilidad o dificultad para remontar la adversidad también forma parte de la personalidad y depende mucho más de la forma que tengamos de interpretar los problemas en la perplejidad, que de los problemas en sí mismos.

Lo opuesto a la resiliencia es, básicamente, la susceptibilidad a los problemas y a los riesgos, así como una fuerte sensibilidad, vulnerabilidad y tristeza, que se agravarán cuanto mayor sea la carga de estrés. Hay personas denominadas "hipersensibles" que reciben impactos mayores ante determinados hechos o contratiempos que les resultan más difíciles de entender y gestionar. Suelen ser personas más introvertidas y tímidas, pero, sin embargo, algunas de ellas, para compensar, disponen de una gran fuerza interior gracias a la cual remontan. Reconocer nuestra fragilidad siempre nos ayudará a ser más fuertes.

Selye, gran investigador del estrés, describe tres fases sucesivas de adaptación del organismo ante este. Las tres fases de reacción defensiva son: alarma, resistencia y agotamiento.

1. **Fase de reacción de alarma.** Es aquella en la que, ante un estímulo estresante, el organismo reacciona automáticamente preparándose para la respuesta o para la acción, tanto para luchar como para escapar del estímulo. Es decir: para dar una respuesta de lucha-huida, de forma que así pueda evitar el daño y el sufrimiento.

En esta fase se activa el sistema nervioso simpático a la vez que se da una activación psicológica gracias a la cual aumenta la capacidad de atención y concentración necesarias para mantener la focalización en el estímulo estresante. Esta reacción es transitoria y de corta duración si el organismo consigue recuperarse a tiempo. Los animales también pasan por esta fase, pero son capaces de recuperarse de ella inmediatamente después de la desaparición del acontecimiento estresante. A las personas, sin embargo, nos puede ocurrir que permanezcamos en estado de alarma durante horas e incluso días, rumiando en la mente lo que ha sido solo un susto para nosotros.

Es decir, en una situación estresante, en primer lugar, se da un proceso de evaluación cognitiva que implica cuatro actividades diferentes:

a) **Recepción automática de la información.** Es muy rápida y sirve para valorar la situación intuitivamente, para ver si esta es amenazante o no para el individuo. Se produce a nivel inconsciente y desencadena, como consecuencia, un procesamiento automático.

b) **Se hace una valoración de las demandas de la situación.** Es cuando se analizan las posibilidades de que la situación genere algún tipo de daño o beneficio para nosotros. Este es ya un procesamiento más controlado por nuestra parte de la información que hemos recibido automáticamente del medio en un primer momento. A partir de la valoración que la persona haga de la situación, irá haciendo modificaciones en su forma de actuar. La situación se puede valorar como:

- Irrelevante: no conllevando implicaciones para el sujeto.
- Estresante: esta última evaluación puede ser la percepción de que va a haber un daño, pérdida, amenaza o desafío.

En esta fase de reconocimiento de lo que nos crea conflicto, a veces cometemos el error de enjuiciar prematuramente, etiquetando y sacando conclusiones a partir de datos sesgados, lo que nos impide ver con claridad la magnitud y las características del problema. El hecho de enjuiciar o etiquetar, hace que después nos fijemos en cosas, detalles o situaciones que nos recuerden o estén en consonancia con estos juicios parciales previos. Es decir, no vemos lo que no queremos ver y vemos todo aquello que cuadra con nuestra opinión, aunque esta sea incompleta o defectuosa.

La interpretación subjetiva que nosotros demos a una determinada adversidad o contratiempo es definitiva a la hora de enfrentarla o resolverla. Por todo ello, lo mejor en la fase de reconocimiento es emitir la menor cantidad de juicios posibles hasta que no tengamos una visión realista de las dimensiones del problema.

Es por lo que decimos que las personas que tienden a ver la "botella medio llena", tienen ya una disposición activa para ser más resilientes que los pesimistas o los que van pensando en negativo de casi todo. Esto es característico de la neurosis, pero también de las espirales viciosas de pensamiento ante situaciones que se escapan de nuestro control. El miedo en estos momentos juega un papel decisivo. Veremos más riesgo a no superar la adversidad o de que se tambalee nuestra seguridad cuando más temerosos nos sintamos y menos capaces nos creamos de llevar nosotros las riendas.

c) **La tercera actividad en la valoración cognitiva** es el reconocimiento de las habilidades que uno tiene para afrontar la situación. La persona valora sus capacidades para ver hasta qué punto dispone de estrategias para enfrentar la adversidad. Las emociones negativas son siempre menores si la persona considera que puede hacer algo por ella misma para controlar la situación, que si piensa que no hay nada que pueda hacer. Es más importante la percepción subjetiva de que la adversidad puede ser superada que la posibilidad real de lograrlo. Esta valoración depende completamente de nuestra forma de percibirnos a nosotros mismos y a lo que nos rodea.

d) **Selección de la respuesta.** Dependiendo de los pasos anteriores, la persona selecciona las posibles respuestas que puede dar a la demanda del medio y actúa. Las estrategias pueden ser de distanciamiento, autocontrol, búsqueda de apoyo social, aceptación de la responsabilidad, huida, evitación, planificación, etc. A veces, las conductas de las personas ante la ansiedad que experimentan tienden a separarle en lo posible de la situación, a regular sus propios sentimientos ante esta y a darle un significado positivo.

2. **Fase de resistencia.** Es la que aparece cuando el organismo no tiene tiempo de recuperarse y continúa reaccionando como puede para hacer frente a la situación que se va alargando. En esta fase aparecen varias reacciones metabólicas que se canalizan en el sistema o proceso orgánico específico que sea más capaz de resolverlo en ese momento haciendo así frente a la presencia del estrés por un plazo indefinido.

En un paso siguiente al problema, partiendo de lo que ya poseemos de forma genética y de las experiencias de vida que llevemos acumuladas, nos preguntamos cómo podemos nosotros resolver la situación. No se trata de lanzarse sin más a la acción descontroladamente, sino de reconocer nuestro papel en las circunstancias y ver que limitaciones y recursos sentimos que tenemos en esos momentos.

Sin embargo, y además de esto, tampoco podemos impedir que, de forma automática e inconsciente, se produzcan ciertas conductas que tratan de protegernos en un primer momento de las amenazas y que nos hacen sentirnos más seguros, al menos provisionalmente. Estas conductas, llamadas automatismos, son lo que denominamos "mecanismos de defensa psicológicos", como la represión, la racionalización o la negación. Dependerá de nuestra personalidad el que usemos unos u otros. Por eso, a veces, tratamos de disfrazar la realidad, la ignoramos (represión), la reinterpretamos (racionalización) o la negamos (negación), usando estas defensas psicológicas innatas que tenemos.

En ocasiones pasamos mucho tiempo buscando explicaciones para cosas negativas que nos pasan y que no entendemos o nos negamos a comprender la obviedad del hecho por insoportable. Entonces damos vueltas y más vueltas al problema. Este trabajo de racionalizar la situación buscando causas o motivos nos puede servir en un primer momento, pero se corre el riesgo de entrar en un bucle rumiativo y no salir de él.

Ante la adversidad, teniendo bien un tipo u otro de personalidad, conseguimos desplegar estos mecanismos de defensa que nos tratan de proteger y funcionan como estrategias más o menos conscientes, pero igualmente efectivas. Cuando nos llega el infortunio, el conflicto, el trauma, o simplemente la vida nos contraría en algo importante para nosotros, utilizamos estas defensas para hacerlos frente y sufrir lo menos posible. Esto se da especialmente cuando el impacto en nuestra vida es muy grande y amenaza no solo nuestra seguridad, sino nuestra esencia, o cuando promete hacernos sufrir lo indecible.

Ante situaciones prolongadas de infortunio que se escapan totalmente de nuestro control, el pensar inconscientemente "aquí no pasa nada" puede servir en un principio, pero después, en vez de defendernos, nos hace hundirnos más al no permitirnos buscar soluciones provocando en nosotros una actitud más pasiva que no nos va a defender práctica y efectivamente. Por eso no debemos confundir la resiliencia con el falso optimismo.

3. **Fase de agotamiento.** Como la energía para la adaptación que tenemos es limitada, si el estrés continúa o va adquiriendo más intensidad, puede superar la capacidad de resistencia, colapsando el sistema orgánico y dando lugar a la aparición de alteraciones psicosomáticas, psíquicas y físicas, es decir: llegando al *burnout*. El que la fase de agotamiento se dé antes o después depende de nuestra resiliencia.

Factores que determinan la resiliencia

Hay una variedad de factores que se entremezclan y que determinan el que una persona sea más o menos resiliente. Estos factores son:

- Los lazos afectivos y las relaciones interpersonales.
- Las funciones ejecutivas como el autocontrol, la energía psíquica, la introspección, el control mental, además de la autoestima y el equilibrio emocional.

Adicionalmente, hay una serie de elementos que determinan el grado de dificultad de las situaciones con las que tenemos que lidiar. Por tanto, la resiliencia es el producto de las relaciones personales, las funciones ejecutivas, el equilibrio mental y la importancia o carga emocional que tiene el contexto para cada uno.

Establecer buenas conexiones afectivas aumenta nuestra resiliencia. El hombre es un ser social: tenemos una predisposición a entablar relaciones con otros por una cuestión de supervivencia, y cuando estas relaciones son de calidad, suponen un pilar importante para sentirnos más fuertes ante los infortunios.

Cómo nos relacionamos desde pequeños con las personas, irá forjando nuestro perfil social. Por eso, en la infancia, un sano apego con los progenitores crea niños más seguros y adultos más resilientes. Así mismo, la educación emocional desde la infancia es muy importante para forjar personalidades seguras y fuertes ante los contratiempos. La autoestima comienza con un adulto afectivamente cercano felicitando a un niño por sus logros. Desarrollar en los niños una buena afectividad haciendo que se sientan queridos es la principal base de la resiliencia.

Hay personas que hacen relaciones sociales fácilmente. Esto depende en gran parte de nuestra personalidad. Es bueno tener con los demás buenas relaciones. Tener una relación de verdadera calidad incluso con una sola persona nos puede salvar de la catástrofe en un momento dado: los lazos afectivos se pueden convertir en el mejor de los salvavidas en caso de verdadera necesidad. Hay personas que han conseguido salir de una situación incluso de suicidio, cuando una persona querida o un buen amigo ha llegado en el momento oportuno. También es muy importante el contexto sociofamiliar cuando somos adultos. Cuanta más cohesión exista con el grupo de personas que nos rodea y más seguros nos sintamos mayor resiliencia tendremos.

El compartir la experiencia traumatizante con otros y hablarlo, incluso exagerando la dureza y magnitud del infortunio, nos ayuda sobremanera a sobrevolar los problemas. Sentirse escuchado es una de las mejores terapias. El desahogo emocional con otras personas y la sensación de no sentirse solo es fundamental cuando se sufre una desgracia. Es entonces cuando el prójimo se nos hace aún más importante y necesario para nuestra supervivencia, nos volvemos más humanos y prosociales.

Nuestra calidad en las relaciones con los demás es un factor primordial para salir de las dificultades. Sabemos que en situaciones muy adversas, el hecho de sentir que alguien nos apoya, en cierto modo, nos sostiene emocionalmente, aunque se trate únicamente de una sola persona en el mundo.

El que tengamos una personalidad prosocial, o sea, más facilidad para desarrollar conexiones, especialmente si son sanas con otras personas, nos proporcionará lazos afectivos saludables, por tanto será muy positivo a la hora de hacer frente a los problemas.

Otra de las cosas que empleamos ante situaciones difíciles es lo que llamamos "hacerse el muerto". Tratar de este modo de que pase la tormenta pretendiendo no ser vistos para que no nos afecte. Este comportamiento es similar a la del animal que es perseguido que cuando casi se siente cazado se tumba fingiéndose abatido para intentar salir corriendo de su depredador en cuanto este se descuide. La seguridad de algunas personas reside precisamente en no hacerse notar para no ser dañadas.

Ante los contratiempos, crisis y catástrofes, nos ayuda mucho el tener sentido del humor, el ser capaces de sacar una pequeña parte cómica del problema y reírnos incluso de nosotros mismos. Es un ejercicio muy sano reír y hacer reír. Cuando nos reímos estimulamos nuestro lóbulo frontal izquierdo y el nervio vago, que dispara el sistema nervioso parasimpático, siendo este, como ya hemos visto, el contrapunto al sistema nervioso simpático, que es el que se pone en funcionamiento de forma automática ante el estrés. De esta manera nos hacemos más positivos y optimistas.

Hay una serie de funciones ejecutivas que interfieren en nuestras emociones, pensamientos y comportamientos. Son aptitudes que se van configurando desde una edad muy temprana. Por ejemplo, la introspección, que es la capacidad de autoobservarnos, de mirarnos por dentro, es una cualidad que tenemos para valorarnos y entendernos a nosotros y nuestras acciones. Gracias a la introspección, reflexionamos y tomamos decisiones, sobre todo en circunstancias donde tenemos que actuar rápida y conscientemente. Partiendo de nuestro autoconocimiento podemos superar las adversidades, porque conocernos forma parte decisiva de nuestra fortaleza interna al igual que una buena autoestima. Por tanto, nuestro autoconocimiento y la gestión adecuada de nuestras emociones son factores decisivos en cuanto a nuestra resiliencia. Nuestra capacidad de mirarnos por dentro para observar lo que pensamos y lo que estamos sintiendo para desplegar determinadas conductas nos permite establecer la base de la reflexión. Gracias a ella, podemos ser más realistas basándonos en nuestras capacidades y limitaciones y en nuestros recursos y aptitudes.

Otra de las funciones ejecutivas que intervienen en la resiliencia es la memoria. En ella tenemos archivada nuestra biografía; nuestra propia historia. Gracias a ella podemos evocar hechos concretos y soluciones que alguna vez nos sirvieron para hacer frente a un problema. Al guardar recuerdos con una fuerte carga emocional, estos pueden poner nuestras las defensas en guardia en la mínima ocasión. Precisamente, aquellos recuerdos que han tenido un componente emocional fuerte son los que nunca se olvidan. Es más, si han sido positivos para nosotros, nos refuerzan. Todas estas funciones ejecutivas que se manifiestan gracias a la actividad de nuestro córtex prefrontal contribuyen a que tengamos una idea de nosotros mismos, siendo probable pensar que somos capaces de solventar situaciones, como lo hemos hecho a lo largo de nuestra vida. Cuando estas capacidades, o muchas de ellas, están mermadas por distintas circunstancias, la resiliencia se hace más débil.

Ayuda bastante la capacidad innata que tenemos, una vez "capeado el temporal", de olvidar las cosas malas y recordar solo las buenas. De forma inconsciente descargamos de nuestra mente gran parte de aquellas cosas que no nos dejan avanzar. Aunque esto puede tardar en llegar, a la larga nos acordamos más de los momentos buenos que de las desgracias. La mente se nos vacía de contenidos, pues no podemos recordarlo todo, y solemos centrarnos más en los impactos emocionales positivos. Aunque algunos traumas pueden quedarse para siempre, por haber tenido en nosotros una fuerte carga emocional, solemos apartar y olvidar inconscientemente la parte más dolorosa para poder seguir avanzando.

Un solo acontecimiento traumático puede destruir la identidad o la convicción sobre uno con respecto a los demás y al mundo. Esa ruptura es el inicio de lo que conocemos como trauma. Hay muchos traumas pasados que desde el inconsciente nos siguen influyendo sin nosotros saberlo. Tendemos a guardar los recuerdos que hayan tenido una carga emocional para nosotros y nunca olvidamos el contexto en el que se dieron o el momento en el que ocurrieron. A veces, los traumas salen a la luz después de mucho tiempo. Cuando algo te ha hecho daño de verdad, no basta con enterrarlo para que no moleste mucho, es mejor afrontarlo desde el dolor. Las emociones negativas que despiertan los acontecimientos traumatizantes es algo que debemos vivir. Miremos sin miedo las heridas, pues como dicen Saki Santorelli y Rumi: *"La herida es el lugar por donde entra la luz en ti"*.

A la hora de dar un significado a las ganas de vivir en los seres humanos, y a su resistencia ante la adversidad, las pasiones constituyen uno de los elementos fundamentales. Nuestras pasiones e ilusiones son lo que le da sentido a nuestras vidas y nos empuja a conseguir cosas que nos proporcionan bienestar, haciendo que venzamos más fácilmente las dificultades. Cuando alguien hace algo con pasión, traspasa y vence mucho más fácilmente los problemas y consigue los mayores logros. Cuando nos sentimos motivados y conseguimos mantener ilusión por cualquier cosa, nos sentimos más positivos y podemos resolver mejor las crisis, aunque tengamos una tendencia genética a la negatividad.

Nuestro estado de ánimo también tiene un papel muy importante, y en cierto modo, está bastante determinado por nuestra composición genética, que nos inclina a ser más positivos o negativos ante la vida, pero también, y mucho más que la parte genética, es influido por las cosas buenas que nos han ocurrido y que tenemos muy presentes. El nivel de energía psíquica que tengamos desempeña un papel fundamental en las adversidades.

Si nuestro "almacenamiento mental" está cargado de sucesos muy estresantes para nosotros, o no resueltos, el nivel de resiliencia bajará. Al afrontar los retos y no huir de las dificultades confiando en nosotros mismos, estamos ganando terreno para valorarnos en general más positivamente. Estamos sin duda incrementando nuestra resiliencia. Como dice Nietzsche: *"Lo que no me aniquila, me hace más fuerte"*.

Al final, con esta autoconfianza, conseguimos hábitos saludables para poseer una resistencia psíquica, pues vencemos más fácilmente el miedo y aprendemos a desenvolvernos eficazmente en la ambigüedad, lo cual hacemos mucho mejor cuando este miedo lo aceptamos en vez de huir de él. El miedo de una forma u otra siempre va a estar. No es más valiente quien menos miedo tiene, sino quien más lo afronta y más avanza hacia la luz cuando está en un oscuro túnel.

Sin embargo, y a pesar de lo que tengamos de forma innata al nacer, hay ciertas actitudes que podemos adoptar que también determinan el hecho de que no nos desanimemos tan fácilmente, o de que no veamos solo inconvenientes y puertas cerradas a los problemas. La motivación depende de la actitud. Actitudes voluntarias que nos orienten hacia la solución, en vez de colocarnos en sentido contrario. Las actitudes las podemos elegir. El optimismo como actitud es el mejor de los antídotos en las crisis y nos hace ser más eficientes en todos los sentidos.

Es muy importante donde ponemos el foco de atención. Si lo ponemos en algo que verdaderamente queremos, seremos más capaces de movilizarnos positivamente. Por el contrario, si pensamos que no somos capaces y ponemos la atención en lo que no queremos, la resolución del problema puede complicarse. Tenemos que vivir con el foco en lo que deseamos, no en lo que no queremos y enfocarnos en las soluciones en vez de en los problemas. La aversión a las cosas que nos desagradan juega en nuestra contra cuando hacemos de ella una prioridad.

En vez de huir de lo que no queremos, mejor saber verlo como una oportunidad de crecer, sin rechazarlo tajantemente, sino sabiendo convivir con ello.

Todos somos resilientes; más o menos, pero lo somos. Lo que es cierto es que muchas veces no somos ni mínimamente conscientes de lo que podemos resistir y de todos los recursos de que disponemos hasta que no llega la crisis, hasta que no nos enfrentamos a un problema o pérdida importante. Nuestra capacidad de adaptación y resistencia es mucho más grande de lo que imaginamos cuando se trata de sobrevivir. El ser humano tiende a sobrevivir siempre aunque le cueste, y esta supervivencia, sobre todo en nuestros días de realidad cambiante, está muy vinculada a nuestro cuidado mental y autoconocimiento.

La autoestima juega un papel muy importante en el momento de salir de un problema. Si nuestra autoestima es alta, tendremos más valor para afrontar las cosas desde la serenidad, porque nos evaluaremos positivamente. Enfrentaremos mejor el miedo al sentirnos con mayor capacidad para llevar nosotros el control en la solución de la adversidad. Esta sensación depende mucho de nuestra autoestima.

El convencimiento de que tenemos el control es definitivo. No es lo mismo esperar que algo o alguien nos ayude, que confiar en que la respuesta está en nuestras manos. Cuando tenemos pensamientos positivos sobre nosotros y las situaciones, sabiéndonos conocedores de que el centro del control de los problemas está en nosotros y valorando bien nuestra capacidad, tendremos más fácil el hecho de poder salvar el miedo paralizante que se da en las situaciones que nos hacen tambalearnos. Al final conseguimos hábitos saludables si vencemos el miedo y aprendemos a desenvolvernos eficazmente en la ambigüedad. No olvidemos que tenemos un cerebro neuroplástico y que el proceso de neurogénesis, o creación de nuevas neuronas, se da a cualquier edad. Al afrontar los retos y no huir de las dificultades confiando en nosotros mismos, estamos ganando terreno para valorarnos más positivamente; estamos remodelando nuestro cerebro y sin duda incrementando nuestra resiliencia.

El estrés nos viene dado y las circunstancias externas se imponen irremediablemente, aunque no las esperemos ni las deseemos. Siendo comprensivos con nosotros, entendiendo nuestro funcionamiento, cuidándonos, y comprendiendo la situación del entorno que tenemos en ese momento, conseguiremos equilibrar de mejor manera la balanza del estrés.

El estrés laboral

El término *burnout* (distrés laboral) fue utilizado por primera vez por el psiquiatra estadounidense Herbert Freudenberger en 1974, y lo definió como una progresiva pérdida de energía hasta llegar al agotamiento y como una desmotivación en el trabajo junto con síntomas de ansiedad y depresión.

La segunda causa de baja laboral, según la Organización Mundial de la Salud (OMS), es el estrés en el trabajo. Afecta al casi 30 % de los trabajadores europeos. Se ha extendido como una epidemia y seguirá siéndolo en un futuro próximo debido, en gran parte, a la rapidez y abundancia en que se producen los cambios y al estilo actual de vida, en el que manejamos información proveniente de muchísimas fuentes a la vez, teniendo que atenderla, evaluarla, comprenderla y responder adecuadamente a ella antes de que se quede obsoleta.

La OMS define el estrés laboral como: "reacción que puede tener un individuo ante exigencias y presiones laborales, que no se ajustan a sus conocimientos y capacidades, y que pone a prueba su capacidad para afrontar una situación".

La Comisión Europea define el estrés laboral como: "un conjunto de reacciones emocionales, cognitivas, fisiológicas y de comportamiento a ciertos aspectos nocivos o adversos con respecto al contenido, la organización o el entorno de trabajo, que se caracteriza por altos niveles de excitación y angustia, con la sensación frecuente de no poder hacer frente a la situación".

Desde un punto de vista científico y médico, el estrés está considerado como un factor perjudicial para la salud, que no siendo enfermedad, acarrea muchas enfermedades: cardiovasculares, inmunológicas…, etc.

Cuando llega el *burnout,* a diferencia de lo que se da en la fatiga, se producen una serie de variables como la falta de implicación en el trabajo, falta de motivación y energía psíquica, elementos depresivos, alteraciones bruscas en el estado de ánimo, y síntomas físicos de dolor.

El lugar de trabajo influye significativamente en la salud humana y la mortalidad, y hay demasiados entornos laborales que son dañinos para la salud. La situación afecta a personas de todo tipo de empleos, profesiones, culturas, industrias, partes del mundo, edades y niveles de educación. Es una cuestión de variabilidad e incertidumbre universal.

En algunos países se dan niveles de estrés muy elevados, como es el caso de China, México, Turquía, Vietnam y Grecia, según un estudio del International Business Report. En Europa, los países más afectados, según estudios recientes, son Portugal y Grecia, seguidos de Letonia, mientras que España, Reino Unido y Austria están en los últimos tres lugares del *ranking.* Por otra parte, los países donde los trabajadores detectan mayor riesgo potencial son: Francia, Luxemburgo, y Suiza, mientras que el país donde existe el menor riesgo detectado es Dinamarca.

Apenas tenemos tiempo de habituarnos a todo lo que está sucediendo si pretendemos integrar, tan rápidamente como se presentan, estos estímulos, avances e informaciones en nuestras vidas. ¿Cómo vamos a poder atender a todo sin seleccionar antes? A diario nos enfrentamos con miles de estímulos diferentes muy frecuentemente, muchos más que hace varios años, cuando además nos llegaban de forma más pausada. Esta información que proviene de infinidad de fuentes externas que antes no existían o a las que no teníamos acceso, como internet y las nuevas tecnologías, nos influyen a todos.

A veces, vamos de pantalla en pantalla sin realmente fijar nuestra atención mucho tiempo en nada. Adquirimos dependencia de las nuevas tecnologías. Ha sido muy rápida esta nueva forma de entender el mundo, y esto no ha hecho más que empezar. La inteligencia artificial, la robótica, el *blockchain,* el *big data,* los algoritmos, el internet de las cosas, las profesiones de nueva creación… son las nuevas realidades y han venido para quedarse, para seguir transformando la estresante sociedad en la que vivimos.

Los trabajadores tendrán que aprender cuáles son los riesgos de salud en su ambiente de trabajo, incluyendo los riesgos psicológicos, actualmente más omnipresentes y peligrosos que los riesgos de una lesión física, para poder

protegerse de ellos. No olvidemos que muchas enfermedades están causadas por factores psicológicos y que estos
tienen relación directa con el estrés que tenemos que gestionar. Sin darnos cuenta, algunas veces añadimos más
tensión a nuestra vida laboral porque la estamos gestio-
nando de una forma que no encaja con nuestro propio
estilo, con nuestras motivaciones, suponiendo esto un
plus de estrés.

En la esfera vital de cualquier persona, el trabajo es un
elemento fundamental. Todas las emociones, pensamientos, reflexiones, decisiones y proyectos que se den en el
ámbito laboral tienden a configurar la personalidad de un
individuo. El trabajo y el hombre se configuran mutuamente. Todo lo que nos pasa en el trabajo nos moldea
como personas. Por ejemplo, ejerce una influencia directa
en la autoestima y la seguridad emocional.

El trabajo es un ámbito donde las personas tienen que
poder desarrollar su capacidad de autodeterminación, su
crecimiento personal, su independencia y su proyección
de futuro. Si tomamos en cuenta la cantidad de tiempo
que invertimos en el trabajo, se puede decir que este es
una de las actividades más relevantes en nuestras vidas.

Muchas circunstancias laborales no son las más idóneas
para nuestra salud, pero desgraciadamente no dependen
de nosotros y tenemos que gestionarlas. Esto no significa
que no deban ser, en primer lugar, las organizaciones laborales quienes se tienen que comprometer a mejorar y
salvaguardar la salud de sus trabajadores.

Pudiendo, o no, mejorar las situaciones laborales, (obviamente seria lo perfecto que se positivizaran), se debe fomentar en los trabajadores todas aquellas herramientas que le sirvan para reconocer los síntomas de estrés, también para que puedan reflexionar sobre los posibles motivos de este, y sobre todo para poder defenderse. Saber reconocer las cosas que pueden ser susceptibles de ser cambiadas y las que no. Si los trabajadores conocen bien lo que tienen, y se preocupan de su propio desarrollo personal, será más fácil poder gestionar el estrés global.

Cuando a lo largo del día nos enfrentamos a continuas exigencias, o a desafíos inesperados, y no tenemos una recuperación necesaria con respecto a estos condicionantes, aunque sea intermitente, no seremos capaces de mantener una energía positiva durante un tiempo prolongado.

En estado de estrés duradero, caemos en emociones negativas. En situación de distrés nos sentimos irritables, impacientes, ansiosos e inseguros. Este estado mental disminuye desgraciadamente la energía positiva que podamos tener en esos momentos, o tiende a generar problemas a todos los niveles, y malentendidos en las relaciones con otras personas.

Cuando tenemos estas reacciones de lucha-huida ante el estrés, que por otro lado son humanas como defensa al mismo, nos es más difícil pensar con claridad y con lógica. La reflexión se hace a veces imposible cuando la desesperación nos supera. Por tanto, muchas veces, no son nuestras capacidades o desinterés lo que reduce nuestro rendimiento, sino la saturación de demandas a las que estamos sometidos, y la interpretación de estas, que de una forma negativa nos pueden poner en contra de la solución, en vez de a favor. No olvidemos que el estrés nos hace perder la atención y dispara en nosotros la "red automática por defecto", disminuyendo significativamente muchas de las capacidades intelectuales que necesitamos para poder razonar de forma consciente y apropiada.

Se dice que en un futuro muy próximo, ocho de cada diez jóvenes encontraran trabajos que aún son inexistentes en el ámbito laboral. Esto nos pone sobre la pista de que la adaptación será clave para la supervivencia, pues pasaremos por muchas fases. Los avances tecnológicos y digitales ya están trayendo aparejados nuevos e importantes escenarios que requieren una nueva asimilación y adaptación. Los cambios disruptivos que ya tenemos, y que están alterando sustancialmente nuestras vidas, están modificando también la esencia de nuestra sociedad y por tanto de los seres humanos que la conformamos.

El Instituto Estadounidense del Estrés advierte que los costes laborales del estrés en los trabajadores estadounidenses ascienden a más de 300 000 millones de dólares anuales. La mala salud causada por el estrés en el trabajo afecta negativamente a la productividad e incrementa la rotación. Una encuesta en USA observó que casi el 50 % de los entrevistados confesaba que había cambiado de trabajo para poder huir del estrés. Este es uno más de los ejemplos de los que podemos hablar al poner cifras a la situación. En el ámbito empresarial se ha visto crecer la insatisfacción, el absentismo, la baja productividad, los accidentes laborales y las enfermedades tanto físicas como psíquicas debido al ritmo acelerado de los descubrimientos y la necesaria adaptación a los mismos. Los temas de salud mental, los trastornos de ansiedad, depresión o conducta han pasado siempre más desapercibidos, pues han desembocado tradicionalmente en bajas médicas a consecuencia de trastornos orgánicos como úlceras, problemas cardiovasculares, respiratorios, inmunológicos, etc., pero no hay que olvidar que no han sido producidos por otra cosa que el estrés y una inadecuada gestión mental ante el mismo.

Aunque han cambiado mucho las cosas los últimos años, aún existe cierto estigma respecto a la enfermedad mental que hace que los que la padecen teman que se conozca su situación en sus lugares de trabajo. La evolución en este sentido por parte del empleador significa muchas veces normalizar el hecho de que hay, en efecto, causas mentales que determinan la salud global y las bajas, y que no se pueden, ni deben obviar. Forman parte del ser humano. Este hecho implica también formar a las personas, con el objetivo de capacitarlas para enfrentarse a aquellas cosas que sobrepasan sus límites y que no dependen tanto de ellos como de las circunstancias ambientales.

Cuando vemos una compañía con un considerable deterioro de su imagen debido a las constantes quejas de sus clientes, cuando encontramos una empresa que tiene que rotar a su personal frecuentemente, donde se aprecia un mal clima laboral, donde se contagia implícita y claramente el "sálvese el que pueda", es porque estamos ya percibiendo los problemas. Muchos de ellos derivados del estrés, y esto acarrea, inevitablemente, falta de motivación, satisfacción y compromiso por parte de la gente.

Si tenemos en cuenta que los recursos humanos son el bien más importante con el que cuenta cualquier compañía, tenemos que ver también la posibilidad de entrenar sus mentes, de darles instrumentos para conocerse, para que confíen más en sí mismos y se se puedan adaptar mejor a lo cambiante, pudiendo así reconocer su propio estrés más fácilmente. Muchas veces estas medidas pasan por hacerles sentirse valorados y seguros en su trabajo.

Tener las herramientas necesarias para gestionar estos bandazos y lidiar mejor con la incertidumbre, al final hace empleados satisfechos y motivados, y estos son los que cuidan al cliente, los que contribuyen a mantener la calidad de los productos y servicios y los que pueden aumentar los beneficios, dando a la vez una buena imagen corporativa de cara a los consumidores y a la sociedad.

Desde hace varios años, son cada vez más las empresas que ofrecen a su personal gimnasios, salas de meditación, comedores con comidas saludables, programas de ejercicios, de respiración, *mindfulness*… Todo este cuidado es percibido por la gente de forma positiva, incrementando con ello su satisfacción laboral. Pero aún queda muchísimo por hacer.

El hombre no puede desligar el trabajo de su calidad de vida, y esta se puede cultivar con buenos hábitos. Tanto a nivel personal como de organización, lo importante es seguir siendo efectivos, gestionar el estrés que se deriva de la multitarea y de la múltiple conectividad con el mundo. Sentirnos apoyados y tenidos en cuenta como personas por la colectividad a la que pertenecemos nos sitúa en la antesala de la eficiencia.

La velocidad del cambio, la información incesante que nos llega de todos sitios, sobre todo desde la obligada integración en nuestras vidas de la cultura de la globalización, y la cambiante tecnología, contribuyen a que nos podamos sentir estresados sin necesidad de que haya otros motivos añadidos. Son tantos los estímulos que se nos presentan a diario y tan rápida la sucesión de información y tan cambiante, que las tareas, las condiciones y los escenarios en los cuales se deben tomar decisiones se vuelven cada vez más complicados.

¿Estás estresado en el trabajo? Empieza por reconocerlo. El estrés existe, y no siempre depende de la carga de trabajo, sino de nuestra capacidad de gestión, que disminuye en entornos complejos e inciertos. Ante esta realidad actual, es más necesaria que nunca la participación de todo un equipo. La colaboración de todos se hace cada vez más imprescindible. La confianza en lo que hacemos y en nuestra organización es básica. La comunicación abierta también lo es. En este reparto necesario de la toma de decisiones y de la participación en los objetivos, las personas deben tener espíritu de colaboración y no de enfrentamiento. El trabajo de equipo es fundamental y el liderazgo es más necesario que nunca. El entusiasmo, la alta productividad, la facilidad para la innovación y la creatividad, el poco absentismo y el escaso abandono del empleo, son algunas de las características de empresas dinámicas y adaptativas que funcionan con un alto grado de motivación. Por el contrario, si los niveles de estrés se elevan demasiado, la empresa tiende a operar con malas consecuencias, como errores de juicio, baja productividad y creatividad, poca comunicación, falta de espíritu de equipo, relaciones humanas tensas, alto grado de traslado de empleo y absentismo. Esto acarrea un alto coste financiero y, sobre todo, humano, para la empresa.

Podemos hacer un resumen de los signos que indican la existencia de estrés en las organizaciones. Estos serían:

- Disminución de la producción (calidad, cantidad o ambas).
- Falta de cooperación entre compañeros.
- Aumento de peticiones de cambio de puesto de trabajo.
- Necesidad de una mayor supervisión del personal.
- Aumento de quejas entre los clientes.
- Empeoramiento de las relaciones humanas.
- Falta de orden y limpieza.
- Aumento del absentismo.
- Aumento de incidentes y accidentes.
- Aumento de quejas al servicio médico.
- Despidos.
- Frecuente rotación de personal.

El estrés es la segunda causa de baja laboral en la Unión Europea, afectando anualmente a cuarenta millones de trabajadores y suponiendo para los países miembros un coste de 20 000 millones de euros al año en gastos sanitarios, sin contar la pérdida de productividad. Según la Fundación Europea para las Mejora de las Condiciones de Vida y Trabajo, el 28 % de los trabajadores europeos padece algún tipo de estrés laboral.

La Organización Internacional del Trabajo afirma que del 50 % al 60 % del absentismo laboral está relacionado con el estrés. También manifiesta que los problemas de salud mental en el trabajo representan el 3 % del Producto Interior Bruto (PIB) en la Unión Europea.

En España, distintos informes ponen de relieve el aumento de riesgos psicosociales en nuestro país. Pero se estima que son unos 7 500 casos de trastornos mentales de origen laboral los que se dan anualmente. En España una de cada cuatro bajas laborales está relacionada con el estrés.

Casi el 50 % de los trabajadores españoles creen que los casos de estrés son comunes en su lugar de trabajo. El 56 % piensan que el estrés en su trabajo no está controlado. Según una encuesta nacional sobre las condiciones de trabajo, en nuestro sistema empresarial, tres de cada diez españoles sufren estrés laboral siempre o casi siempre y un tercio de ellos considera que el trabajo afecta negativamente a su salud. Además, estas cifras van en aumento con el paso de los últimos años, desde 2015 a 2020.

Según distintos estudios hechos en Europa, el estrés afecta a unos 40 millones de trabajadores de los estados miembros de la UE y cuesta anualmente un mínimo de 20 000 millones de euros anuales. Los costes totales de los trastornos por salud mental se estiman en unos 600 000 millones de euros al año (más de un 4 % del PIB), y 136 000 millones son por la pérdida de productividad y por las bajas por enfermedad.

El estrés laboral es el segundo problema de salud más denunciado en Europa. Pero lo peor del estrés es el sufrimiento humano que produce a muchos millones de trabajadores en todo el mundo. Es la causa de muchas enfermedades y fallecimientos. Asimismo, en otro orden de cosas, conduce a alteraciones muy considerables en cuanto a productividad y competitividad.

Es bueno plantearse si lo que hacemos cada día nos gusta. Desgraciadamente, el mayor porcentaje de los trabajadores de cualquier empresa diría que no le gusta su trabajo. Según el *Índice Deloitte Shift,* un 80 % de la gente no está satisfecha en el terreno laboral.

Es un hecho que el estrés laboral existe y que trae acarreadas innumerables enfermedades, tanto físicas, como psicosomáticas y mentales cuando se convierte en estrés crónico, es decir: cuando no podemos ni sabemos controlarlo. Es también un hecho que no va a dejar de existir en un entorno tan cambiante y competitivo en el que prima el interés económico. Lo obvio es que en la mayoría de las ocasiones no podremos intervenir en las variables que lo producen; por el contrario tendremos que conformarnos con lo que hay. El escenario laboral ideal para cada uno, o sea, el trabajo con el que plenamente nos sentimos cómodos e identificados, no siempre es posible de conseguir y no nos queda más remedio que adaptarnos.

Cuando hablamos de altas cargas de trabajo con baja complejidad, encontramos un rendimiento cognitivo disminuido y una mayor reactividad, dando lugar a posibles conductas desproporcionadas que se escapan a nuestro control en muchas ocasiones, pero que son una reacción al estrés.

Los trabajos que limitan el control de las personas son aquellos en que el empleado no puede tomar decisiones y tiene que seguir fielmente las instrucciones fijadas, por ejemplo en el caso de trabajar con máquinas. Estos trabajos generan mucha ansiedad. Por el contrario, el tener control sobre el trabajo se asocia positivamente con la satisfacción, el compromiso, la implicación, el rendimiento y la motivación, y se relaciona negativamente con síntomas como el distrés emocional, el absentismo o la movilidad en los puestos de trabajo.

Se han hecho estudios en empresas en las que ha habido un cambio organizacional o modificaciones en las condiciones de los trabajos, y se ha llegado a la conclusión de que, en general, las condiciones que permiten un mayor control por parte de los empleados son las que obtienen resultados más favorables. Particularmente, en directivos, es cierto que saberse independiente en la toma de decisiones supone un mayor éxito en el trabajo además de una mejor gestión del estrés. Esto es lógico, porque cuando somos adultos estamos acostumbrados a tomar decisiones y hay personas que no se habitúan tan fácilmente a dejar que otros las tomen por ellos.

Aspectos de otra índole como las condiciones físicas y ambientales, y sobre todo las horas de trabajo intensivo, o el horario flexible, también lo son. Se ha comprobado, por ejemplo, que los turnos de rotación rápidos donde se trabajan dos o tres turnos de noche, intercalando con periodos de descanso, son más favorables a los patrones de rotación semanal. La duración del turno influye en la alta carga de presión percibida en el trabajo. Se ha visto que las jornadas cuya duración supera las ocho horas son contraproducentes. En general, los horarios que son flexibles y otros horarios no estandarizados tienen efectos más favorables sobre las actitudes de los empleados, que sienten que gozan de una mayor autonomía y satisfacción laboral.

El trabajo no está aislado de la vida de las personas. Los problemas que surgen en el marco laboral tienen implicaciones directas sobre la familia y la vida social y viceversa. En el mejor de los casos, los déficits y descontentos en el trabajo se tienden a sustituir por aficiones y costumbres favorables fuera del mismo. Esta es una buena manera de paliar el estrés, aunque no siempre es posible por la limitación del tiempo y otros factores. Aunque desgraciadamente también este estrés puede desencadenar conductas adictivas perjudiciales.

La inseguridad laboral y la pérdida del trabajo son factores generadores de estrés y se han convertido, por tanto, en causas de preocupación personal y pública. La incertidumbre de no saber cuál es el futuro inmediato actúa como uno de los principales estresores. La sintomatología física y mental es patente cuando la exposición a la inseguridad laboral es muy prolongada. Sin duda, sentir amenazado el puesto de trabajo es una causa directa de estrés además de un sufrimiento permanente.

Un tercer grupo de riesgo es el cada vez más nutrido grupo de trabajadores que se acercan a la edad de jubilación. Los trabajadores de edad avanzada se ven sometidos muchas veces en sus empresas a múltiples estresores psicológicos y físicos, con el agravante de que no disponen de algunos de los recursos para la adaptación con que cuentan sus colegas más jóvenes. Actualmente, las personas de más de 40 años representan el 45 % de la población. El grupo de edad entre 50 y 64 años aumentará al 51 % en 2025 (Eurostat, 1998).

Por otra parte, los despidos que se producen en las empresas expanden un ambiente de inseguridad e incertidumbre latente. Está comprobado que los despidos afectan a nuestra salud. Son una estrategia en la que pierden ambas partes, en tanto que perjudican gravemente al empleado y que benefician muy poco, o nada, al empresario. Podemos decir que el despido es una causa de estrés que comparten muchas empresas, y por supuesto muchos empleados, especialmente cuando no se cuidan las variables humanas y se despiden a las personas de una forma abrupta y sin consideración. Quedarse sin trabajo de la noche a la mañana es una situación que hay que gestionar lo mejor que se puede, y que nos sumerge de repente en un escenario de incertidumbre no buscado ni deseado para el que tenemos que desplegar estrategias y conductas efectivas que no desequilibren nuestra balanza emocional.

Algunos estudios demuestran que los efectos negativos de los despidos continúan incluso tiempo después de que la persona haya encontrado otro empleo. Los despidos incrementan la mortalidad. Un trabajador despedido tiene mayor riesgo de fallecer en comparación con personas a las que no han despedido nunca. Es muy destacable la cantidad de estimaciones de los efectos negativos de los despidos, tales como el suicidio. En efecto, los despidos desencadenan reacciones emocionales muy fuertes.

Pero los despidos no son la única forma de inseguridad económica y psicológica. Existen otros factores que causan también inestabilidad y estrés. Por ejemplo, los contratos temporales o de tiempo parcial, soportados especialmente por los profesionales autónomos y los trabajadores temporales. Todas estas personas se enfrentan a la inconsistencia de cuándo y de dónde vendrá el siguiente encargo. Eso hace que sus ingresos sean demasiado variables, si bien sus obligaciones económicas para poder vivir permanecen inalterables todos los meses.

Hoy día, además de todo esto, existen demasiadas variables estresantes, directas o indirectas, que no solo cambian incesante y rápidamente amenazando nuestra seguridad, exigiéndonos cosas que no podemos dar en muchas ocasiones, sino que han modificado sustancialmente nuestra forma de vida, haciéndonos más proclives al desbordamiento psíquico. Basta un botón de ejemplo si nos referimos a la cantidad de información que nos llega y tenemos que entender y gestionar, a veces en poco tiempo. Cuando nuestra mente no puede afrontar lo que el entorno nos está demandando, podemos caer en un círculo vicioso que nos hunde cada vez más progresivamente hacia abajo, incluso no siendo la mayoría de las veces conscientes de ello.

Hay determinadas consecuencias no beneficiosas que se hacen explicitas en el ambiente laboral y que suelen ser el resultado de mantener un ambiente nocivo a nivel organizacional durante mucho tiempo. Si a esto unimos el estrés que pueda tener cada persona en su vida particular, pues no olvidemos que las experiencias y la propia vida personal también puede ser fuente de ansiedad, y que somos la misma persona quien va a trabajar, y en otras facetas, la combinación de todo lo que nos sucede, puede ser lo que haga finalmente descompensar nuestra balanza del estrés.

En nuestros días podemos decir, sin temor a equivocarnos, que una de las razones para que se haya producido un aumento del estrés laboral, son las transformaciones tecnológicas que se renuevan con mucha rapidez y nos obligan a una constante adaptación y reinterpretación de los escenarios.

El estrés laboral es un problema aún muy ignorado por algunas empresas, gobiernos e incluso por escuelas de negocios, pese a los abundantes estudios epidemiológicos que demuestran que las condiciones laborales y las herramientas que los individuos tengan para afrontarlas, afectan a la salud tanto física como mental, y por supuesto a la economía global.

Cuando alguien tiene más cosas que hacer que tiempo para hacerlas solemos decir que está sobrecargado. Pero cuando una faceta de la vida, como puede ser la laboral, exige tanto a una persona como para que le resulte incompatible compaginarla con otra faceta de su vida, como la familiar, entonces surge el conflicto. Esto es lo que llamamos problemas de conciliación entre la vida familiar y personal y la laboral.

Muchas empresas fomentan la competitividad, el ritmo acelerado y el compromiso excesivo de sus empleados. Aún no somos demasiado conscientes de que es posible salvar vidas, mejorar la calidad de vida de las personas y ahorrar miles de millones de euros o dólares en sanidad y en gastos de personal, a la vez que logramos que las empresas sean más productivas y eficaces. Si somos capaces de tener en cuenta al ser humano como tal a la hora de planificar el trabajo en las organizaciones, estaremos avanzando en el sentido correcto, pues la mente humana, con su poder volitivo, es el comienzo y el final del progreso y la productividad. Debemos apostar por la prevención de la salud.

Prevención y resolución del estrés

El estrés existe, y pocas veces depende de nosotros. Sin embargo, si depende, y mucho, de la interpretación o gestión de este que podamos nosotros hacer cuando estamos bajo su influencia. La forma de ver una situación adversa o conflictiva será primordial para hacer frente a los problemas y reveses de la vida, pero sobre todo tenemos que decir que hay unas medidas preventivas personales que nos preparan ante el agobio del día a día, y sobre todo ante las contrariedades o problemas que realmente nos pueden hacer sufrir. Como dijo Luis Pasteur: *"La suerte favorece a la mente preparada".*

En los contextos laborales ocurre con cierta frecuencia que el afrontamiento eficaz de las fuentes que crean ansiedad está en buena medida fuera del control directo del trabajador. Pero si estamos lo suficientemente preparados mentalmente lo haremos mejor que si tenemos mermada nuestra capacidad de resiliencia por diversos factores.

Por eso es sano y saludable tener ciertos hábitos o preocuparnos de aspectos importantes y decisivos para salvaguardarnos, tales como la autoestima, la inteligencia emocional, las buenas relaciones personales u otras medidas preventivas que tienen que ver con el autocuidado, que van a ser esenciales en tiempos de adversidad.

Ahora hay más investigación sobre el estrés laboral y sobre los mejores estilos de dirección y liderazgo. La mayoría de los estudios sobre el estrés se han centrado en las reacciones y las conductas y buscan corregir la situación estresante ya producida y sus efectos. Pero en el contexto actual, es necesario anticipar los cambios laborales y no solo reaccionar a ellos. Esto conlleva hacer a las personas más resilientes proporcionando formación adecuada y aprendizaje a lo largo de su vida laboral para conseguir este objetivo. La empresa como tal puede desempeñar otro papel: ofrecer prevención primaria anticipando los riesgos emergentes de forma proactiva.

Los avances en el estudio del estrés desde la psicología plantean la necesidad de considerar los riesgos psicosociales y estudiar las condiciones capaces de generar experiencias positivas en el capital humano, preparando mejor a las personas para superar y afrontar el *burnout*. Un cometido esencial de las empresas que se quieren distinguir como saludables es crear las oportunidades y condiciones necesarias para que haya un desarrollo sano de sus empleados.

Aumentar la inteligencia emocional

La inteligencia emocional o social, es esa forma de ser, estar, comportarse, y entender las relaciones interpersonales desde un punto de vista más humano y empático. Ser emocionalmente inteligentes supone un aval para hacer nuestro trabajo de forma más efectiva y conseguir mayores logros, ya que la inteligencia emocional es un tipo de inteligencia que nos ayuda mucho en nuestra vida, sobre todo a sentirnos bien en todos los ámbitos. De hecho, las personas con más éxito, que son mayormente reconocidas y aceptadas por los demás, son precisamente aquellas que tienen mayor inteligencia emocional.

La I.E nos da, no solo una mejor forma mental para hacer frente al estrés, sino un arma muy poderosa para relacionarnos en el trabajo. La gente nos percibe de mejor forma y nos conectamos más fluidamente con los demás desde la espontaneidad y la honestidad, lo cual repercute de forma positiva en el entorno laboral y en los resultados.

Para tener mayor satisfacción, seguridad, estado de bienestar global, y en general para lograr objetivos, la inteligencia social tiene una importancia aun mayor que el coeficiente intelectual, o inteligencia general de las personas. Estrés e inteligencia emocional tienen una correlación inversa, ya que esta segunda nos hace más resilientes, adaptativos y flexibles.

Una de las grandes fuentes del sufrimiento humano está relacionada con las personas que nos rodean y con quienes tenemos contacto. Es decir, con todas aquellas cosas que nos puedan hacer, decir, o que podamos interpretar respecto a su comportamiento hacia nosotros. Lo que nos pase en relación con otros, nos hace sentirnos bien o mal sin que podamos casi evitarlo. No en vano somos seres sociales, nos importa ser reconocidos y queridos, es decir, nuestra afectividad queramos o no, está implicada en cualquier relación humana, sea de trabajo o personal. Si tenemos habilidades para relacionarnos bien con otras personas, estas posibles fricciones, malentendidos o conflictos que puedan surgir, disminuyen considerablemente.

En las relaciones sociales adultas, debería existir siempre una interdependencia mutua, donde ambos dan, y ambos reciben, de otra manera se puede convertir en una relación de dependencia hacia el otro por una de las dos partes, lo cual no es sano ni deseable. Sin embargo, ¡cuántas veces necesitamos urgentemente caer bien a los demás!

Necesitar no es depender emocionalmente. Debe haber una interdependencia. Párate a pensar si solo das y no recibes, o por el contrario si es equitativo lo que recibes a cambio de lo que das.

Para Goleman, el padre de la inteligencia emocional, las habilidades emocionales no son talentos necesariamente naturales, sino que se pueden adquirir y entrenar. Como todo lo que conseguimos, primero tenemos que considerarlo un propósito en la vida. Si te propones ser más inteligente emocionalmente, tu mente se pone a funcionar en ese sentido, porque lo que deseas realmente es a lo que la mente obedece. Una vez que se pone en funcionamiento en la dirección correcta, la mente tiene mucho poder.

Estas habilidades emocionales pueden ser: personales, profesionales y sociales. Todas ellas intervienen en un buen desempeño laboral. La inteligencia emocional en el trabajo es una de las mejores herramientas que podemos poseer, pues facilita las relaciones entre las personas, lo cual aumenta el rendimiento de estas por la vía de la satisfacción y la motivación. Es decir, desarrolla un liderazgo más competitivo y una mejora de las relaciones humanas además de un clima social de mayor calidad. No solo para los demás, sino para nosotros mismos, tener la habilidad para detectar y comprendernos a nosotros, y al prójimo, es sinónimo de fluidez en las relaciones y garantía de superación. Lo mejor de todo es que se puede cultivar.

La iniciativa, la disposición para afrontar desafíos, la capacidad de liderazgo y la confianza en uno mismo tienen más relevancia que las competencias cognitivas o conceptuales. Para no perdernos en esta vorágine tecnológica y social, sino para que tengamos los pies en la tierra, el equilibrio psíquico y una buena dosis de inteligencia emocional nos darán una clara percepción de nuestra valía, lo cual es imprescindible, pues a la hora de afrontar lo novedoso o las circunstancias más o menos estresantes, tenemos que ponernos en valor y estar convencidos de que la motivación por conseguir las metas debe nacer de nosotros; ante todo hemos de creernos siempre capaces.

Es imprescindible confiar en la parte intuitiva y emocional del ser humano para resolver los problemas y lograr los objetivos. Las habilidades que nos ayudan a desarrollar la inteligencia emocional también nos proporcionan bienestar, además de resiliencia, bondad y optimismo. Ya sabemos que el optimismo es una actitud que ayuda especialmente a la hora de enfrentar desafíos. Ser optimista ante las vicisitudes y la incertidumbre es una ventaja competitiva. El optimismo es un arma muy poderosa para andar por el mundo. La importancia de crear un entorno laboral positivo es obvia y es conseguida por los grandes líderes sin dificultad.

El líder juega un papel relevante en la forma en que los grupos aprecian las situaciones estresantes. Una función importante del liderazgo, en especial el carismático, es la "elaboración de sentido". El líder ofrece interpretaciones de la situación y el grupo tiende a aceptarlas como válidas. Las apreciaciones que el líder de un grupo realiza sobre determinadas fuentes de estrés en el trabajo influirán sobre la percepción de esa situación por parte de los miembros de ese grupo.

Si alguien tiene buena regulación emocional, es decir, no explota fácilmente, es porque se toma un tiempo para dar una respuesta adecuada, haciéndolo con mayor acierto que si se dejara llevar por su reactividad. Esto, ahorra muchos problemas y acarrea otros muchos beneficios en el trabajo. Esta regulación, o saber responder adecuadamente, forma parte de la I.E.

¿Pero qué forma la inteligencia emocional? Daniel Goleman, pionero del estudio de esta, identifica cinco grandes competencias que la componen: la autoconciencia, la autorregulación, la motivación, las habilidades sociales y la empatía.

Conocernos a nosotros mismos, reconocer nuestros estados de ánimo y sentimientos y saber controlarlos, es una característica que indica que somos inteligentes emocionalmente. Dar una respuesta adecuada en el momento justo, regular nuestras emociones aun retrasando los beneficios a corto plazo, también son signos de inteligencia emocional. No reaccionar sin una breve pausa que nos permita responder más adecuadamente, también lo es.

Tener empatía o conciencia de los sentimientos y necesidades de los demás es una condición clave cuando se convive con personas, y esto lo manejan mejor las personas emocionalmente inteligentes.

Lo que consideramos las cinco competencias de la inteligencia emocional, y que nos ayudan a enfrentar la adversidad, se pueden desarrollar y adquirir, como ya hemos dicho. Vamos a ver en qué consisten.

- **La autoconciencia**. Es la capacidad de reconocer lo propios sentimientos y estados de ánimo a medida que van surgiendo, así como sus efectos asociados que impactan sobre los demás. Es importante darse cuenta de lo que se va experimentando a nivel personal en situaciones adversas y muy competitivas pues son las que generan más tensión.

- **La autorregulación,** o la capacidad de gestionar y manejar los impulsos y reacciones. No "perder los papeles" ni sentirse desbordado por la situación nos evita muchos problemas. Líderes, padres, jefes y demás personas deberíamos saber regular nuestras propias emociones para no aumentar el efecto negativo que ejercemos sobre los demás, y sobre nosotros mismos, en un momento dado.

- **La empatía.** Es la conciencia de los sentimientos, preocupaciones y necesidades de los demás. Es ponerse en los zapatos del otro. Al comprender a alguien, esto nos ayuda a suspender juicios y acercarnos más a las personas. Vivimos en un entorno que exige de la cooperación y la colaboración, por tanto, esta capacidad es fundamental para salvaguardarnos del estrés. Cuando vemos a los otros como iguales y desarrollamos la compasión, que es la capacidad de sentir al prójimo cercano y humano, estamos creando un *feed-back* positivo. Esta corriente empática repercute a todos los niveles. No solo nos hace mejores personas, sino que nos beneficiamos de ello.

Disponemos de una capacidad básica para percibir lo que piensan y dicen otras personas y para relacionarnos socialmente. En esto consiste la empatía, que tan necesaria es para poder tener una interconexión saludable y productiva con las personas que nos rodean. La conexión con otros seres vivos es imprescindible para nuestro propio desarrollo e incluso para nuestra salud mental. Por eso es tan importante construir relaciones sanas y adaptativas.

Cuando alguien es capaz de descifrar las señales que otros envían, señales que pueden ser auditivas, visuales, expresiones, posturas…etc., lo llamamos facilidad empática. Cuanto más claro percibamos a los demás, y lo que necesitan, más fácil será nuestra relación con ellos y más partido sacaremos de nuestra sociabilidad en todos los ámbitos. Esto también requiere una dosis de sensibilidad.

La inteligencia emocional está en relación directa con nuestras "neuronas espejo" que nos permiten tener un contagio emocional con los demás con el fin de relacionarnos mejor. Aunque ciertamente este contagio funciona de forma positiva, también lo hace negativamente, por ejemplo cuando nos identificamos o contagiamos con la ansiedad y la tristeza o preocupación de otras personas.

Cuando conseguimos sentir, entender y ponernos en el lugar de la otra persona, estamos propiciando que se despierte la compasión, que es el mayor sentimiento prosocial. Podemos así sintonizar con los demás, entenderlos y aceptarlos como personas no muy diferentes a nosotros en la esencia, y de paso, estamos creando el escenario apropiado para que fluyan buenas relaciones.

Las habilidades sociales conforman la capacidad de influir en los demás de forma no violenta. Son signo de madurez. Es una especie de arte de la seducción que nos ayuda a transitar por las situaciones más conflictivas que podamos encontrarnos y nos protege a la vez que aumenta la confianza mutua con nuestros iguales propiciando la empatía. Poseer unas buenas habilidades sociales nos proporcionará calma y nos ayudará también en procesos como el aprendizaje y la memoria.

Cuando emitimos un sentimiento positivo hacia otra persona, aunque a ella no le llegue directamente, nosotros nos beneficiamos de ello al empaparnos de ese sentimiento. Al visualizar al otro positivamente emitimos aceptación y estima, irradiamos compasión e interiorizamos al momento ese sentimiento. No de una forma intelectual, sino como un reflejo automático de nuestra propia emoción. El objetivo por tanto debería ser emitir en nosotros tantas emociones positivas como podamos con respecto a los demás.

Si, por el contrario, tenemos un sentimiento negativo hacia alguien, igualmente aunque no le llegue, nuestro cerebro está procesando esa información basada en el sentimiento y acabará afectándonos a nosotros. Estas son emociones toxicas que empiezan a dejar su huella en nuestra mente sin apenas darnos cuenta. Por esto es entendible que la amabilidad y el deseo de que otros estén bien repercute directamente en nuestra salud emocional. La empatía nos encamina hacia la generosidad para con los demás, y es esta forma de cooperación la que nos hace avanzar en grupo y sentirnos bien. Y no hay anhelo más grande para cualquier ser humano.

Es curioso que cuando estamos más estresados, más nos centramos en nosotros mismos y en nuestros problemas. Acentuamos nuestras propias desgracias pensando que somos los únicos en todo el universo que están sufriendo. Nos preocupamos excesivamente de nosotros en detrimento de nuestro propio beneficio, aunque parezca lo contrario. Estar centrado solo en uno mismo, agranda nuestros problemas. La amabilidad es otra herramienta que si conseguimos incorporar a nuestra rutina, como forma de movernos por el mundo, nos trae muchos beneficios, además se traslada a nuestro entorno haciendo que los demás se sientan cómodos, y que a su vez lo contagien a otros. Es una onda expansiva generadora de emociones positivas.

Ser amable en la vida es tener un trato fluido con los demás, y dar la impresión de que tenemos el tiempo necesario para escuchar, que lo hacemos con gusto. Que en el momento de la interacción, aunque esta sea muy corta, el otro nos interesa como persona y que tenemos todo ese tiempo para dedicárselo con sinceridad. Esto despierta actitudes receptivas y generosas, que a su vez rebotan en nosotros, pues nos beneficiamos con creces de ello.

La amabilidad empieza por uno mismo. Es decir, comprendernos, resolver nuestros bloqueos emocionales, darnos permiso y querernos. Si aún tenemos cosas importantes que resolver a nivel personal y emocional, si no nos entendemos, encontraremos más barreras para usar la amabilidad con los demás.

Si cultivamos la amabilidad, obtendremos respuestas más efectivas, más humanas y de mayor comprensión por parte de los otros. Porque ser amable también implica ser considerado con quienes nos relacionamos. No podemos olvidar que cualquier persona merece el respeto y la consideración que nos gustaría que nos dieran. Esta consideración pasa primero por practicar unas normas básicas de educación. A la larga, está más que demostrado que la amabilidad nos produce bienestar y que desde el bienestar, tanto de nosotros como de los demás, podemos conseguir mejores resultados a todos los niveles, especialmente a la hora de sentirnos mejor con nosotros mismos. En efecto, el uso de la amabilidad propicia la resolución del estrés.

Sentirse querido y acompañado es una de las claves para ser feliz. Por tanto, la amabilidad, como norma a seguir en la vida, hará que tengamos relaciones más efectivas que redunden en un mayor bienestar personal en un mundo mejor. La solidaridad, la generosidad, el voluntariado y el darse a los demás en cierta medida son factores protectores de la mente y del cuerpo.

Robert Waldinger, psiquiatra norteamericano cuyo estudio de la felicidad es una de las mejores aportaciones al tema hasta el momento, concluyó que uno de los factores determinantes para estar bien es nuestra buena relación con los demás.

Las personas que establecen vínculos mayores y de mejor calidad con familia, pareja, amigos, en el trabajo, etc., son a la larga las más felices y longevas. La soledad puede llegar a matar. En efecto, en estudios recientes, se vinculan enfermedades como el alzhéimer al hecho de estar solos sin poderse apoyar en alguien o compartir. Podemos decir que igual que la soledad mal llevada es muy perjudicial para la salud, el vivir en entornos conflictivos de peleas continuas, o estar rodeado de personas tóxicas y conflictivas, también afectan a nuestro bienestar, incluso en mayor medida. La clave es invertir tiempo y esfuerzo en crear buenas relaciones con los demás, pero relaciones basadas en el respeto y la amabilidad. Para ello debemos querer y mostrar un interés sincero, y no de conveniencia, por la vida de los otros. No enjuiciar, ni criticar sus creencias y valores, pues esto en nada nos debe afectar, además de nutrir todo con un tinte de amabilidad, empatía, generosidad y solidaridad. Alguien que no está dispuesto a dar, difícilmente podrá recibir.

No podemos pretender ser aceptados por todo el mundo ni llevarnos bien con todos. De hecho siempre habrá aproximadamente un 50 % de personas que conoces alguna vez en tu vida con las que nunca vas a congeniar, que siempre van a hacer que te puedas sentir mal. Depende de ti darles ese permiso. El poder sobre ti no lo tienen los demás, lo tienes tú mismo. Tú puedes marcar el límite de que algo te afecte. Si eres honesto, podrás ser más asertivo en caso de necesidad.

La excelencia que todos llevamos dentro, y que nos puede hacer destacar de una forma u otra, se topa a cada paso con el miedo a descubrir lo que somos. El problema es que muchas veces nos da más miedo dejar salir nuestra luz que seguir en la oscuridad. Nos da más miedo lo que podemos llegar a ser, desplegar nuestras posibilidades innatas, que seguir la inercia de nuestras ideas erróneas sobre nosotros mismos.

Autoconocernos nos hace aumentar nuestra inteligencia relacional, y gracias a ella llegamos a tener unos adecuados autocontrol y autorregulación, tan importantes para manejar las situaciones que nos agobian.

Organizar el tiempo

Cuando estamos estresados, no es difícil quedarse atrapado en una espiral de negatividad y ofuscación por todo lo que nos está yendo mal. Nos perdemos en el desorden. Por eso es mejor dar importancia a la organización del trabajo para conseguir las metas y objetivos que queremos y tenerlos como referentes. Nunca pierdas de vista tus prioridades. Es fácil desorientarse con todo lo apremiante, que según nuestras interpretaciones, casi siempre erróneas, es mucho.

Para llevar a cabo las tareas de forma adecuada, deberíamos añadir el "cuándo" y el "dónde" a cada una de las que tenemos en la lista de cosas por hacer. Planificar con antelación cuándo y dónde realizarás una tarea puede duplicar o triplicar la probabilidad de que finalmente la hagas con éxito. Haz una hoja de ruta, anotando ideas, tareas y actividades para que no dependas únicamente de la memoria. Las agendas son un instrumento muy útil cuando tu vida está llena de responsabilidades y flecos que rematar. En los proyectos es necesario no perder de vista la meta y organizar los pasos necesarios para llegar a ella.

La primera hora de trabajo suele ser una hora en la que estamos enteros emocional, energética e intelectualmente. Además, en esa hora suele haber menos interrupciones en la mayoría de los escenarios laborales. Y, sin embargo, en muchas de las ocasiones, desperdiciamos esa primera hora chequeando el correo electrónico, o lo invertimos en asuntos totalmente improductivos.

En el momento que nos toca realizar una tarea, el presente es lo único que debe existir. Hay que tratar de vivir el aquí y ahora de ese momento. El presente es lo único que tenemos. Incluso es en el presente cuando pensamos sobre el pasado y en el futuro. Todo se da en el momento presente. Lo bueno que tiene planificar es que nos facilita vivirlo sin preocuparnos de poder olvidar el plan a seguir.

En el trabajo, no solo individualmente, sino a nivel global, debemos dar más importancia a lo que realmente rendimos, no a lo mucho que hacemos: a la forma de ser más efectivos con incluso menos esfuerzo, para ahorrar en lo posible la energía psíquica, pues esta tiene un límite que deberíamos racionalizar. Pero las exigencias desmesuradas, a veces no son una buena condición para esto, y la excesiva autoexigencia otras veces tampoco es recomendable, pues corremos el riesgo de "quemar el motor". No por mucho hacer hacemos más. Haciendo poco a poco, pero de forma consciente, y siguiendo nuestro plan de acción, mejoramos el rendimiento y aumentamos la eficiencia.

La incidencia del estrés en el trabajo se ve aumentada por la multitarea. No es la cantidad de cosas que puedas resolver, sino la calidad de estas. Puesto que la atención determina la excelencia en lo que hacemos, focalizarnos plenamente en la tarea que tenemos programada, nos llevará a poder hacerla bien, cometiendo menos errores y siendo más productivos. Esta es una habilidad que también podemos aprender. Por eso organizar bien nuestro tiempo, tanto laboral como personal, es garantía de plenitud y destreza.

Las personas estamos más en contacto con nuestras verdaderas motivaciones si pensamos que en nuestro día a día somos más coherentes haciendo las cosas de acuerdo con lo que nosotros valoramos y con aquello que nos proporciona un sentido, además de un objetivo. Es necesario que las personas tengan claras sus prioridades, y una de nuestras prioridades debe ser el descanso y el autogobierno cuando se trata de organizar nuestro trabajo, así como nuestra vida. Por parte de las organizaciones, es importante ayudar a la gente a potenciar estos valores.

Pero no es posible hacerlo todo al mismo tiempo. Se deben ir consiguiendo los objetivos poco a poco. Por eso es mejor que a lo largo de toda tu vida no pierdas de vista cuáles son tus verdaderas prioridades. Por esto, es mejor que consideres fielmente todas las dimensiones importantes de tu vida, a saber: familia, sociedad, profesión, trabajo, aficiones, salud y bienestar, espiritual, o físico. El camino no solo es trabajar, sino también descansar.

Gestionar el cambio

El cambio y el estrés son inherentes al hecho de vivir. Aunque no queramos, tenemos que vivir permanentemente lo inesperado. Como dice Hans Selye: *"Una vida libre de estrés es imposible"*.

Todo lo desconocido es un desafío. Los cambios, sobre todo disruptivos como los que vivimos, y lo que ellos suponen, producen ansiedad. El estrés ya hemos visto que es necesario para poder afrontarlos, ya que es gracias a él como movilizamos nuestros recursos. Si conseguimos ajustarnos y adaptarnos bien, el estrés nos ayuda a evolucionar, a desarrollarnos saludablemente, y a conseguir objetivos y metas. Es el detonante que nos activa. Sin el estrés que producen las cosas cambiantes, en realidad, no haríamos nada. Si tenemos dificultad para adaptarnos a ellos, cualquier nuevo escenario, aunque este sea en positivo, nos puede hacer sentir mal.

Muchas investigaciones demuestran que los individuos flexibles, con una alta capacidad de adaptación a todo lo que va cambiando, con facilidad para la organización y sistematización de sus vivencias, tienden mayor predisposición a hacer adaptaciones sanas, a dar nuevos sentidos a las realidades que viven. Por eso es tan importante desarrollar una mentalidad abierta. Dejar sorprenderse por las cosas que nos pasan sin miedo. Como dijo Buda, *"Aprender a mantenernos abiertos y curiosos, aprender a eliminar nuestras suposiciones y creencias, es el mejor uso que podemos dar a nuestra vida humana"*.

Tener una actitud abierta y de aceptación a lo que pueda pasar, no solo nos facilitará el poder trabajar en lo imprevisible, sino que incluso nos ofrecerá la posibilidad de disfrutar de lo que es diferente. De esta manera, el factor sorpresa puede ser desafiante, hasta motivador, en vez de amenazante y desechable a simple vista.

Somos cambio y estamos sometidos al cambio en cada segundo de nuestra vida. Pero cada cambio ofrece muchas posibilidades futuras. Debemos abrirnos sin miedo a esas posibilidades y estar dispuestos a permitir que ocurran. Herramientas no nos faltan si conseguimos dominar la ansiedad que nos produce el estrés, lo cual implica en muchos casos recuperarnos a nosotros mismos.

Acepta los cambios con curiosidad. Los límites y los imposibles del pasado, son las realidades de hoy. Atrévete a eso que más miedo tienes. Atrévete poco a poco (lo que los psicólogos llamamos en aproximaciones sucesivas), irás descubriendo que tu miedo es tu propia alambrada. Que si empiezas a ser valiente, puedes ser más libre. Tu libertad depende en primer lugar de ti.

Ante lo incierto, la curiosidad es lo que hace que avancemos en la vida. La seguridad nos gusta, la necesitamos, pero el vivir los cambios con aceptación y compromiso, a pesar de que no nos gusten, también nos dará esa sensación de que todo está bien. Mientras más intentes comprender que todo cambia, aun lo que nos gusta, más fácil podrás enfrentarte a los problemas y disfrutar de lo bueno que tiene la vida. Existe una cierta resistencia al cambio por parte de todos. Curiosamente lo ponen de manifiesto los dichos populares de "Virgencita que me quede como estoy", o "más vale lo malo conocido". Aunque la variación sea para mejor, estamos dispuestos a renunciar a ella solo por tener la seguridad de que no irá a peor.

Si tenemos dificultad para adaptarnos, cualquier cambio, aunque sea positivo para nosotros, y para bien, nos puede hacer sentir mal, pues necesita de la misma manera una acomodación por nuestra parte a algo distinto. Si ya no podemos hacer nada para que este se produzca, que mejor que ser observadores de este, asimilándolo y no yendo en contra de la corriente sino a favor. Amoldarse a situaciones más difíciles, es reinterpretar la realidad. Si lo hacemos de forma más positiva, seremos no solo más resilientes, sino más sabios.

Debemos aceptar los riesgos que supone trabajar con lo incierto, y hacerlo con valentía; paso a paso, con la mirada al frente, "con paso corto y mirada larga", y concentrados en lo que tenemos entre manos. Ser valiente no es no tener miedo, es atreverse a pesar del miedo, es soportar la ansiedad que este nos produce y saber aceptarlo como compañero, sin negarlo. Así nos colocaremos en el mejor escenario para la resolución de nuestros conflictos.

Aunque sentir el orden nos reconforte y tratemos en todo momento de crearlo a nuestro alrededor, tenemos que aceptar que un cierto grado de desorden y caos en nuestra vida nos llega con más o menos frecuencia, y que también llegan momentos de crisis o desgracias más graves. Porque el desorden es inherente a lo que nos rodea. Cuando llegan los cambios, debemos hacer un esfuerzo mucho mayor, y poner nuestros cinco sentidos para afrontar esa amenaza que nos trae lo poco organizado. El desorden y el caos sirven de acicate para poder superarnos, para buscar nuevas soluciones a nuestras crisis. Somos más divergentes y creativos en situaciones de crisis.

Muchas veces necesitamos nosotros producir los cambios. Lo que hay que cambiar cuesta, pero a veces una transformación, una reinvención de nosotros mismos, es la mejor solución para situaciones que no nos gustan, o ante actitudes pasivas y falsamente acomodaticias que generamos por no adentrarnos en nuevas posibilidades. Nos da miedo cambiar, aunque sea para bien. Nos convencemos de que no merece la pena, de que no tenemos las suficientes habilidades, que ya no tenemos edad… Todas las excusas necesarias para no provocar nosotros la metamorfosis que nos puede beneficiar. Es porque nos resistimos a ello, y a veces, hasta nosotros tenemos que obligarnos a cambiar.

La adaptabilidad es una competencia clave en el mundo actual en que vivimos. Las estadísticas demuestran que se están creando empresas nuevas gracias a la innovación y a la capacidad que tenemos de crear con rapidez. Todo lo cual nos empuja a seguir adelante con confianza, determinación y optimismo. La seguridad absoluta en el trabajo, como en la vida, no existe. Es muy oportuno en estos tiempos tener una cierta tendencia hacia el emprendimiento. Como dice el director general y fundador de LinkedIn en su libro *El mejor negocio eres tú*, Reid Hoffman: *"Adáptate al futuro, invierte en ti mismo e impulsa tu carrera, ya que somos emprendedores por naturaleza"*.

La proactividad es otra habilidad clave ante los cambios, así como la empatía, que nos ayuda a trabajar con mayor eficacia como miembros y líderes de un equipo. En este mundo de alteraciones, cada vez habrá una mayor necesidad de colaboración entre el mundo de los negocios, del trabajo en general y de la sociedad.

En realidad, todos tenemos la capacidad de ser adaptables. Si no fuera así, no seríamos aptos para un mundo que está construido de innumerables variaciones. La adaptabilidad es algo más que ser flexible. También consiste en estar abierto a las cosas, sin quedarse atrapado en ideas preconcebidas sobre nosotros mismos y sobre la realidad. Especialmente en lo que concierne a nosotros, debemos hacer todo lo posible por salir de nuestras creencias limitantes, aunque las tengamos memorizadas, por eso el crecimiento personal nos ayudará sobremanera.

Cuando hablamos de adaptación a los cambios, hablamos de saber mantener la calma ante las adversidades, de acercarse a la incómoda incertidumbre, de aceptar los desafíos, de ser persistente ante las dificultades, de saber gestionar el trabajo, las prioridades y objetivos, de estar dispuestos a improvisar, ver las situaciones desde una perspectiva más amplia y de saber gestionar las cosas inesperadas que se vayan presentando, pero sobre todo, de saber mantener una actitud positiva. El adaptarnos a lo nuevo también nos da oportunidad de conocernos. Los guiones mentales que tenemos, las creencias limitantes y los comportamientos aprendidos repetidos muchas veces, son lo que más puede influir para que en un momento dado seamos inflexibles o poco adaptables. También el miedo suele ser una barrera que nos impide desarrollar la adaptabilidad. Puede ser temor al rechazo, al fracaso, al cambio. Este miedo nos provoca aún más ansiedad. La adaptabilidad está estrechamente ligada a la aceptación de estos miedos, a la resiliencia y a la perseverancia.

Desarrollar la resiliencia

Tendemos a fijarnos más en lo que no tenemos que en lo que ya tenemos. Tendemos a centrarnos en la pérdida más que en lo que hay ya de positivo en nuestra vida. Percibimos de mejor manera lo que no queremos que lo que queremos conseguir. Vemos más claramente el problema que las posibles soluciones. Esto, como ya hemos visto, es debido al sesgo negativo que tiene nuestro cerebro.

Que nuestro cerebro se haya inclinado a ver el peligro desde nuestros ancestros, nos ha permitido sobrevivir en épocas donde las amenazas que nos podían traer incluso la muerte inmediata aparecían delante de nosotros. Así, aprendimos a defendernos de los animales salvajes, inclemencias del tiempo y otras adversidades. En el siglo XXI, los problemas que nos ponen en alerta son otros, y nuestro cerebro sigue tendente a pensar en negativo del 50 % al 60 % de las veces.

Si mi cerebro interpreta que yo estoy poniendo el foco de atención en lo que quiero conseguir, y no en lo que me hace sufrir, el logro está más cerca que si solo pienso en lo que no quiero o en lo que está mal en mi vida. Lo que el corazón quiere sentir, y quiere conseguir, la mente le muestra el camino. Por eso es tan importante enfocarnos en lo que queremos y dejar de victimizarnos por lo que nos ha pasado o lo que no queremos que nos pase.

Es también cierto que debemos prepararnos para resistir, y de manera especial, poder aprovechar con resiliencia las oportunidades que nos surjan. Como dijo John Wooden *"Cuando la oportunidad llega, ya es muy tarde para prepararse"*. La preparación para ser resilientes ante las adversidades y las crisis en nuestras vidas depende mucho de nosotros. Es un trabajo de tiempo. Consiste en: autoconocernos, autoestimarnos, tener buenas relaciones con los demás y comunicarnos de forma efectiva, saber descansar cuando llega el momento y cuidar nuestro cuerpo y nuestra mente.

Nuestra capacidad de mirarnos por dentro y autoconocernos para entendernos, para saber que estamos sintiendo, y por qué tenemos determinadas conductas, nos permite reflexionar sobre que recursos y aptitudes tenemos para solucionar posibles problemas. En situaciones desfavorables tenemos que conocer nuestras capacidades y limitaciones. Saber reconocer lo que hacemos bien sin esfuerzo o lo que nos sale mal.

La autoestima juega un papel muy importante en el momento de salir de un atolladero. Si nuestra autoestima es alta, tendremos más valor para afrontar las cosas desde la serenidad. Enfrentaremos mejor el miedo porque nos sentiremos con mayor capacidad en la adversidad, para llevar nosotros el control en la solución del conflicto.

Esta sensación y convencimiento de que tenemos nosotros el control, es definitivo. No es lo mismo esperar que algo o alguien nos ayudará, que confiar que la solución está en nuestras manos, que depende solo de nosotros. Es entonces cuando nos acordamos de todos nuestros recursos, que se desbloquean más fácilmente para ser operativos ante el estrés. Cuando tenemos pensamientos positivos sobre nosotros y las situaciones, estando convencidos de que el centro del control está en nosotros, y en nadie más, tendremos más fácil el hecho de enfrentar el miedo paralizante.

Una persona con pasión e ilusión por las cosas será más resiliente. La pasión es lo que no lleva a ser creativos, a buscar soluciones nuevas para los mismos o distintos escenarios. La ilusión es ese ingrediente que nos hace tener determinación por conseguir lo que queremos. De ambas, pasión e ilusión, depende mucho nuestra actitud, y de esta última, nuestra capacidad para resistir.

Otra de las variables que nos refuerzan positivamente ante el estrés son nuestras motivaciones. Es necesario no perder de vista lo que nos motiva. La motivación es el impulso que nos empuja a conseguir lo que queremos. Orienta y mantiene nuestra conducta según nuestras necesidades en una u otra dirección, nos activa en la consecución de algo que no tenemos y queremos tener. Por eso es tan importante tener claro lo que nos motiva, lo que queremos lograr y los medios para conseguirlo. Las motivaciones son personales, no nos deben venir impuestas, sino que han de ser propias y perseguidas. Es lo que realmente se puede llamar motivación.

Cuando el estrés nos sobrepasa, parece que el combustible se ha agotado y nada nos impulsa hacia ningún lado. El bloqueo que se produce en el distrés anula algunas de nuestras motivaciones, sobre todo las más elevadas, a pesar de seguir teniendo necesidades. Las motivaciones y la resiliencia se retroalimentan. Cuando tenemos una fuerte motivación por algo, estamos dispuestos a saltar mil barreras. Está muy claro que si nada nos impulsa, nos costará más salir de situaciones de crisis. Sin embargo, la clave de mucha de nuestra fortaleza frente al estrés se haya precisamente en que tenemos motivaciones; las necesidades nos impulsan a ello.

Hay otros motivadores externos que consiguen despertar nuestro interés. Sin duda, muchos de ellos relacionados con los demás, y con los propios valores, no solo con las cosas materiales, el dinero o la posición económico-social que podamos obtener. La necesidad de afiliación y de sentirse integrado y seguro en cualquier grupo social, además de la necesidad de protección, de amor y reconocimiento, son motivadores muy potentes que nos orientan los unos hacia los otros. Esto permite mantener viva la motivación hacia cualquier meta. La envidia, el deseo de poseer y la culpabilidad tan solo son algunos obstáculos que nos ponemos a nuestra propia plenitud. A nuestra ya innata libertad.

Ante las dificultades que surgen al tratar de conseguir unas metas, o llevar a cabo nuestros objetivos y propósitos, solo la motivación, o el placer que nos proporciona seguir en la brecha, avanzando por la consecución de lo que queremos, hace que todo sea más interesante y merezca la pena. La motivación va muy unida a la curiosidad, sin la cual no habría nada que conseguir, aprender o evolucionar.

Los ideales son buenos para trazar metas y objetivos, pero no debemos olvidar que no se puede pretender levantar los pies del suelo para conseguir lo que perseguimos, más bien, es de inteligentes abrirnos sin reservas a lo que ocurre frente a nuestros ojos, ya sea el aburrimiento, la adversidad o el gozo. Movilizar nuestras energías psíquicas y físicas para la consecución de nuestras metas, aliándonos con la idea del esfuerzo, consigue que no tengamos que darnos por vencidos tan fácilmente y sigamos avanzando.

La actitud determina en gran medida la motivación. Si tu actitud es abierta y positiva ante la vida, podrás encontrar muchas cosas motivantes. La actitud es algo que se elige en cada momento.

Nuestro estado de ánimo también tiene importancia, y en cierto grado, está bastante determinado por nuestra composición genética para ser más positivo o negativo ante la vida, pero tiene mucho más que ver con las circunstancias de nuestra vida, de cómo las interpretamos y sobre todo de cómo sabemos reconocer y gestionar nuestras emociones para poder crecer.

Una emoción que se repite muchas veces, por ejemplo, la tristeza, que se da en un espacio de tiempo limitado (unas horas, unos días, unos meses…) puede desembocar en un estado de ánimo de tristeza, que al tratarse de estado de ánimo, es más permanente y difícil de gestionar. Pero el estado de ánimo también se puede cambiar con determinación, valentía y esfuerzo.

¿Qué puedes hacer para cambiar tu estado de ánimo y hacerte más resiliente?

Además de lo que ya hemos mencionado anteriormente como el autoconocimiento y la autoestima, también hay unas conductas, pensamientos y actitudes que nos servirán sobremanera para ser más positivos cuando pasemos por un mal momento o nos sintamos desgraciados:

1. Mientras estés así, en un bajo estado de ánimo, no dejes tu autoestima en manos de nadie.

2. Procura rodearte o estar con personas optimistas.

3. Ponte metas realistas de acuerdo con tus capacidades.

4. Acuérdate de otros momentos de dificultad por los que hayas pasado y la forma en que los resolviste.

5. Trata de encontrar nuevos enfoques y buscar nuevos caminos. Hazte nuevas preguntas para encontrar nuevas respuestas.

6. Quítale hierro y ponle sentido del humor. Reírse de todo, hasta de uno mismo, acaba con las situaciones más embarazosas. Sonríe y trata de reír todo lo que puedas. El cerebro interpreta que estás feliz si sonríes. El sentido del humor es un arma muy poderosa para ser positivo. Nos ayuda a relativizar las cosas, a reírnos de nosotros mismos y con los demás, además de que nos hace estar alegres.

7. Date cuenta de que todo cambia y que no vas a estar en un permanente estado de ánimo bajo. No nos podemos olvidar de que todos tenemos fluctuaciones en nuestro estado de ánimo. Igual que todo lo externo a nosotros cambia, también lo hacen nuestras condiciones internas.

8. Respira lenta y profundamente. Contacta con tu respiración que es lo que te hace estar vivo.

9. Date cuenta de las cosas valiosas que tienes en tu vida y los logros conseguidos.

10. Párate a pensar que te estás contando a ti mismo lo que te pasa. El estado de ánimo está muy relacionado con nuestro diálogo interno. Construimos fantasías a veces atroces sobre lo que nos pasa, y lo peor es que nos sentimos a gusto en esa fantasía.

11. No emplees palabras negativas. Las palabras son la antesala de la emoción. Cuando sufrimos de estrés, mucho de nuestro vocabulario se compone de palabras que interiormente nos generan más irritabilidad y nerviosismo. El solo hecho de pensarlas y pronunciarlas ya nos está afectando negativamente.

12. No al victimismo. No te centres en ti ni seas la víctima. Victimizarse es hacerse cada vez más pequeño y adoptar un rol pasivo. Míralo de esta manera: a todos nos pasan cosas malas, pero nuestro papel de víctima acaba en el momento que sigue a lo malo que te ha pasado. Ahora eres protagonista activo de la aceptación o recomposición de la situación.

13. Haz lo que te guste. Dedica más tiempo a *hobbies*, a aficiones y a estar con personas que quieres. Si la excusa es que no tienes tiempo, la contra excusa es que lo puedes sacar si quieres. Basta con poco tiempo para empezar a sentirse mejor. Escuchar música, dar un paseo en la naturaleza, ir a un estadio, o a una exposición… Cualquier cosa que te haga sentir bien, aun a costa de dejar algunas obligaciones. Recuerda que es necesario desconectar para conectar de nuevo.

14. Procúrate la paz espiritual. Unos lo consiguen rezando, otros meditando, otros perdiéndose en la naturaleza y en el silencio, otros al lado de un ser querido… Haz todo aquello que te dé paz y serenidad.

15. Empieza a notar y reconocer tus emociones, principalmente en las sensaciones que está teniendo tu cuerpo.

16. Sé agradecido con lo bueno que ya tienes y trata de disfrutarlo.

17. Cuídate más que nunca y se condescendiente contigo mismo y con tu estado vital.

18. No conviertas tus deseos en necesidades. Deseamos muchas cosas y estamos en nuestro derecho, pero a veces nos obsesionamos con pensar que sin eso no podemos ser felices, o no del todo. Recuerda que hay muy pocas cosas esenciales para vivir, y que ya disponemos, en muchos casos, de ellas. No podemos convertir deseos en necesidades, pero mucho menos, en obligaciones.

19. Administra tus energías. A veces nos volcamos exageradamente en algo que no necesita tanta atención por nuestra parte, y cuando llega el verdadero asunto que requiere de nuestra plena atención, resulta que ya estamos demasiado cansados. Debemos tener en cuenta que aun siendo animosos y resilientes, todos tenemos un límite. No debes perder de vista tus prioridades y lo verdaderamente urgente, pues, de otro modo, el hecho de estar dispersando y no concentrando tus energías te puede llevar al poco deseado "estancamiento" haciendo que decaiga tu estado de ánimo.

20. Vive el momento. Como dijo Valois: *"Millones de personas suspiran por la inmortalidad, pero no saben qué hacer una tarde lluviosa de domingo"*.

21. Haz algo por los demás. Tratar de ayudar a otras personas de muchas maneras posibles, hace que nos dejemos de fijar en nuestra propia desgracia. Cuando vemos los problemas que tienen otros, no solo nos damos cuenta de que no somos los únicos, sino que la satisfacción de haberle ayudado es un refuerzo para nosotros muy positivo que nos hace ver las cosas de diferente forma. Si te centras en otros, en vez de centrarte en ti, muchos problemas se relativizan y hasta desaparecen de tu cabeza.

22. Conecta con tu niño interior. Acuérdate del niño que fuiste y háblate ahora reconociendo que aún lo llevas dentro y tienes que cuidarlo.

23. Se asertivo. Trata de expresar lo que realmente sientes, independientemente de que pueda gustar o no. Todos estamos legitimados moralmente para decir lo que queremos y sentimos.

24. Aprende a soltar lo que te duele o te pesa demasiado para poder seguir avanzando. A veces llevamos cargas muy pesadas a nuestras espaldas de las que nos podemos desprender.

25. Busca alguien con quien puedas hablar y expresar tus emociones, y si no lo tienes en ese momento, escribe

en un papel todo lo que se te pase por la cabeza. La escritura también es terapéutica y mediante ella podemos canalizar nuestros temores y desahogarnos. Habla, incluso solo, o escribe, pero trata de no tragarte lo que te duele.

26. Trata de encontrar cosas, objetivos y personas que den un sentido a tu vida. Como dijo Nietzsche: *"Quien tiene un porqué para vivir, puede soportar casi cualquier cómo"*.

La resiliencia, o capacidad de reaccionar de forma efectiva y positiva en entornos difíciles, complejos y cambiantes, se convierte en el siglo XXI en una de las ventajas competitivas más importantes para cualquier organización. Es la mejor arma contra el estrés.

El ejercicio mental y físico crea nuevas conexiones neuronales y reproduce también nuevas neuronas (neurogénesis). Cuando adquirimos el hábito global del autocuidado (incluido ejercicio físico, alimentación, buen sueño y ejercicio mental), estamos estableciendo la base de una buena salud global. Sustituir los malos hábitos por otros buenos es posible.

Cada vez debemos despertar más y de mejor manera a la convicción de que además de hacer necesitamos tener presencia, es decir, estar verdaderamente ocupados de lo que nos ocupa, en vez de ir a la deriva ante las circunstancias cambiantes de nuestro mundo. Es preciso para ello tomar consciencia de la realidad, donde las decisiones se toman desde entornos más complejos que nunca pero donde nuestro papel, lejos de ser pasivo es más activo también. Es necesario cuidar al ser humano que hay dentro de nosotros, que se mueve y trabaja en ese entorno cambiante, que trata de sobrevivir en lo inconsistente, que se enfrenta a escenarios, tan cambiantes y diferentes. Por eso aumentar nuestra resiliencia es un deber para con nosotros mismos. Mirar las cosas desde una perspectiva distinta hará que aceptemos cosas que antes quizá no habíamos visto y ni siquiera nos habíamos preguntado.

Un entorno cambiante y de incertidumbre constante exige también un cierto optimismo. No tengas reparos en mostrarte y ser alegre, aunque tu círculo más cercano te incite a lo contrario. El optimismo es algo que también se puede aprender. Efectivamente hace falta. Deberíamos enorgullecernos de estar alegres. A veces vemos tanta negatividad a nuestro alrededor que nos asusta decir que somos optimistas. En muchos entornos parece que lo políticamente correcto es decir lo contrario. Aprovecha tus momentos de felicidad y exprésalos sin reservas y sin esconderte.

No debemos subestimar las cosas negativas que nos pasan, porque los contratiempos, las adversidades, las desgracias… todo aquello que supone un sufrimiento, requiere superación, siendo mediante esta como conseguimos hacernos más resilientes. Utilizando un paralelismo que en época de pandemia nos suena más que nunca, desarrollamos anticuerpos ante el virus de la adversidad. Vamos facilitando el camino con cada resolución de cada conflicto, de cada dificultad que encontramos a nuestro paso.

Disponemos de unas capacidades innatas que olvidamos muchas veces, es decir, somos resilientes por naturaleza, pero esta capacidad podemos aumentarla o disminuirla. Si nos enfocamos y somos constantes con nuestros objetivos y metas, aumentaremos la fuerza interna. Dependemos de nosotros más que de otros. Nos podemos gobernar sin necesidad de sentirnos desamparados ni esperar que otros lo hagan por nosotros. Podemos enfocarnos en lo positivo si tenemos determinación de hacerlo.

Lo que nos hace ser más resilientes y remontar las adversidades, sin duda, es:

- La fuerza de voluntad.
- La perseverancia.
- El esfuerzo.
- La intención.
- La actitud.

Es muy importante que desarrollemos la voluntad, la determinación y la perseverancia. Sin esfuerzo, nada se consigue. Tenemos que construirnos. Debemos ser muy conscientes de que gracias a nuestro trabajo y hacia donde dirijamos nuestras energías, podemos realmente conseguir cosas en la vida. Gracias a estas cuatro condiciones, nuestra resiliencia puede ser siempre buena, y en caso de que pasemos por baches muy fuertes en la vida, nos costará mucho menos reconstruirla. La actitud que tu decidas tomar respecto a cada situación en tu vida determinará, a su vez, el afrontamiento que hagas de los acontecimientos que se vayan sucediendo. La actitud, es algo que tú puedes elegir. De ella depende de cómo encaras cada situación. Si decides tomar una actitud positiva, un acontecimiento, el mismo infortunio para varias personas, será totalmente diferente para ti. Si crees que puedes, puedes.

Ya sabemos que la felicidad plena no existe. Podemos decir que somos más o menos felices si el cómputo total de las cosas buenas que nos pasan en la vida es superior al de las cosas malas, pero el remontar las cosas malas y sentirnos satisfechos con ello, también nos refuerza y nos da felicidad. Debemos salir a buscar esa felicidad todos los días, con todo nuestro armamento de resiliencia y con toda la aceptación tanto hacia lo positivo como hacia lo negativo. Aceptando y reconociendo también nuestra vulnerabilidad, seremos más fuertes.

Fomentar la autoestima

La imagen que tienes interiorizada de ti es la imagen que, si no tratas de distorsionar a propósito, transmites a los demás, pues eres el reflejo de tu autoimagen. No mostrar lo buenos que somos, a veces no solo es cuestión de humildad, sino de autodesconocimiento. Nuestra autoestima es una suma de emociones que almacenamos con el tiempo. Tener alta autoestima no es ser narcisista o vanidoso.

La idea negativa de nosotros mismos tiene mucho que ver con nuestros sentimientos de culpa y con la aceptación de opiniones y juicios negativos ajenos, que han sido formulados, seguramente, por alguien clave, en algún momento decisivo, como la infancia. Así es como queda sembrado en nosotros el germen de la inseguridad que nos hace creer que debemos merecer lo malo. Nuestra parcial responsabilidad es que nos lo hemos creído, y esto ha ido mermando progresivamente la buena idea acerca de nosotros a nivel inconsciente. Esta idea nefasta sobre nosotros también tiene mucho que ver con las carencias afectivas en la infancia.

No debemos dejar de recordar que lo que hacen los demás con respecto a nosotros, es decir, cuando nos dan sus opiniones o se comportan de una manera determinada, etc.… está sujeto a sus propias expectativas, intereses o forma de ver las cosas, no a la nuestra. Por tanto, todo lo que nos viene de los demás, ha de ser tomado "con alfileres". Hay muchas personas con falta de confianza en sí mismas que se creen cualquier cosa o que incluso se sienten la causa de aquello que va mal, estando por ello dispuestas a aceptar la responsabilidad sin tenerla, dejando así que las opiniones de los demás influyan decisivamente en sus propias decisiones. Eres libre cuando eres tú el que elige sin coacciones. Mantente fiel a ti mismo.

En la vida, pasamos por momentos en los que la autoconfianza ha podido estar en declive por diversas circunstancias y a causa de ello hemos podido introyectar una imagen que no es la nuestra y que tan solo se corresponde a un hecho puntual en nuestra vida, acompañado por pensamientos distorsionados, de culpa, de vergüenza y demás emociones y sentimientos fuertes que sin duda contribuyen a "asentar a fuego" esa imagen.

Es en nuestra infancia donde construimos la idea sobre nosotros mismos, cuando aún no tenemos la capacidad de discernir lo que somos verdaderamente o lo que nos representa. Es muy importante la etapa de la infancia, pues en ella se sientan las bases de nuestra seguridad y autoimagen. Los adultos van configurando la imagen que un niño tiene de sí mismo, que será la base de la imagen que tenga en su edad adulta. La capacidad para forjar la autoestima aparece alrededor de los cuatro años, cuando el niño se empieza a dar cuenta de que lo que hace es recompensado positivamente o por el contrario, corregido y censurado. El apego positivo a nuestros progenitores es fundamental para nuestra futura estabilidad emocional.

Los niños seguros de sí mismos, son después adultos tolerantes y considerados. Cuando el entorno familiar ha sido protector, con figuras de apego sanas y confiables, el niño puede formar representaciones mentales saludables de pertenencia a un grupo, lo que hace que la autoestima esté en el buen camino de cara a su consolidación en la edad adulta.

¿Te has parado a pensar que eres mucho más que una imagen introyectada de ti mismo? Cuando pensamos demasiado mal sobre nosotros, en algún aspecto de nuestra vida, y extendemos esta imagen nefasta a otros ámbitos personales importantes, siguiendo una tendencia pesimista, podemos acabar hasta en una depresión, o un estado de tristeza permanente, pues nos puede parecer que el hecho de ser malo en algo, o de haber hecho algo mal, obedece a que somos así realmente. Nada más lejos de la realidad. Este es otro pensamiento distorsionado. Este pensamiento nos hace fácilmente manipulables. Los pensamientos negativos activan sentimientos y esquemas mentales también negativos. Lo malo es que llegados a un límite ya no podemos caer en la cuenta de que se trata de una distorsión tras otra carentes de objetividad que nos llevan al negativismo como forma de ser, de estar, y a una baja autoestima. Por eso hay personas que nunca están contentas con nada, porque tienen interiorizada una imagen de sí mismos y de la realidad desafortunada y proyectan esa realidad negativa hacia el exterior.

Tenemos unos esquemas mentales que actúan a nivel inconsciente. La autoestima se va configurando como un software a lo largo de la vida. Según palabras de Epstein: *"El éxito llega partiendo de un padre que alaba los logros de sus hijos y es tolerante con sus fracasos"*. Por eso es tan importante que los niños se sientan valorados cada vez que hacen cosas positivas.

Los lazos afectivos son claves para saber cómo nos hablamos a nosotros mismos de nosotros mismos. No solo por medio de los afectos o emociones que hayamos desarrollado y comprendido en nuestra infancia y en nuestra adolescencia, sino por los que vamos forjando en la edad adulta. Nuestra autoimagen es una búsqueda de equilibrio entre cómo nos gustaría ser y en qué medida lo conseguimos. Cuantas más oportunidades tenemos para crear una imagen de nosotros que nos guste, más fácil será establecer un concepto positivo de uno mismo.

Cuando hay autoestima negativa, estamos hablando de aquellas personas que pueden huir de sí mismos porque no se soportan; la tendencia hacia la autodestrucción es muy acuciante en ellos. Este hecho normalmente se da, o bien por experiencias traumáticas prolongadas, por un victimismo profundo, por la incompatibilidad de la realidad con sus propios ideales, cuando se está en depresión, o por un miedo exacerbado y excesivo que nos devuelve una sensación de falta de control sobre las cosas.

La autoestima es un componente fundamental de nuestro equilibrio emocional. Si tenemos una visión positiva de nosotros mismos, esto nos ayuda a superar las adversidades más fácilmente, y a no desequilibrarnos. En este punto debemos tener mucho cuidado en no depender demasiado de las respuestas por parte de otros, a nuestro esfuerzo por parecer mejores, más atractivos, o más deseados.

Fomentar nuestra autoestima depende mucho de nosotros. Hagas lo que hagas, y seas como seas, valórate. Siempre vas a descubrir en ti muchas cualidades y factores que te hagan ser excelente en algo. No te compares con el resto. No podemos hacer bien todo. Siempre habrá gente mejor que nosotros en muchos aspectos, en otros, lo seremos nosotros. El esfuerzo por desarrollar los talentos que tenemos nos irá situando en el camino de la autoestima.

Saber descansar y autocuidarse

Saber parar para reponerse de los esfuerzos que hacemos a diario es un acto inteligente y de responsabilidad. Parando periódicamente nuestras actividades conseguiremos mantener el rumbo hacia nuestros objetivos. De otra forma, corremos el riesgo de navegar a la deriva. Desconectar es productivo, pues nos ayuda a recuperar nuestro equilibrio interno. La concentración intelectual que requiere una tarea que se prolonga mucho en el tiempo desgasta nuestras energías cognitivas y psíquicas, sobre todo si esta nos exige un gran esfuerzo. Dejar que la mente se libere y no se ocupe de nada en concreto durante un tiempo es muy necesario. Necesitamos hacer pausas deliberadamente, aunque solo sea durante unos minutos. De otro modo, corremos mayor riesgo de entrar en el "modo por defecto de funcionamiento mental", o pensamiento divagante.

Cuando nuestra mente divaga, el estado de ánimo tiende a decaer. La razón es que cuando mantenemos una mente errante, nuestros pensamientos se centran en nosotros y en nuestras preocupaciones. Nos consideramos el centro de todas las desgracias, y esto hace que agrandemos los pensamientos negativos que nos perjudican.

Las fatigas mentales afectan a nuestra eficacia y aumentan las distracciones, haciéndonos más irritables y propensos a responder reactivamente, sin pensar ni calibrar el efecto de nuestras respuestas. También hace que nos fijemos en todo aquello que no nos gusta, en vez de elegir la positividad de las cosas que existen a nuestro alrededor.

La inmersión continuada en el ruido de fondo que ocupa nuestro día a día, que es inmenso, sobre todo teniendo en cuenta que estamos sometidos a un incesante bombardeo de estímulos externos, más el ruido interno que se produce en nosotros como consecuencia de nuestra mente divagante, hace que nos sumerjamos en miles de distracciones y que decaiga nuestra eficacia. Pero si desconectamos puntualmente de algo que requiere un esfuerzo de concentración, volveremos después a conectar más fácilmente con lo que nos ocupa.

La alternativa más segura para recuperar nuestras energías y descansar es tratar de sentir lo placentero que hay a nuestro alrededor. Si estas agotado, aléjate del lugar donde estás o de la actividad que tienes entre manos. Deja tu mente volar, sin estar enfocado en nada en concreto por unos minutos o unas horas.

Si necesitas descansar, date permiso para hacerlo. Haz algo que no tenga nada que ver con las cosas que te han hecho estar cansado. Si te sientes agobiado, date cuenta de que debes reponer tus energías. La misma ansiedad derivada de estrés, nos sumerge en pensamientos rumiantes sobre nosotros, sobre todo lo que nos preocupa, por eso trata de ir a lo práctico, que es deshacerte lo antes posible del cansancio.

Según Kaplan, conocido psicólogo investigador de Michigan, está comprobado que la combinación entre naturaleza y el silencio es la mejor medicina a la hora de desconectar. Si conseguimos que nuestra mente se abra en la naturaleza, y dejamos que se vea capturada por cualquier cosa que contemple, más aún en el silencio, podremos restablecer nuestra serenidad más fácilmente. De cualquier forma, cualquier cosa que nos relaje, ya sea un café con amigos, meterse en un gimnasio, ver una película, un partido de futbol, oír música…, es importantes si queremos ponernos en modo descanso.

El silencio es el gran aliado del descanso. Es en el silencio donde hallamos respuestas y donde logramos recuperar la calma que necesitamos. El silencio es tan fructífero y enriquecedor como necesario. El silencio es bueno no solo para tranquilizarnos, sino para acallar nuestro diálogo rumiante interior, que es especialmente pesado cuando estamos estresados. Es necesario estar en silencio sin hacer absolutamente nada más.

Nos debemos permitir el centrarnos con conciencia plena en todo lo que podamos disfrutar: una vista panorámica, un atardecer, … La música, por ejemplo, es un modo de desconexión muy gratificante que nos puede transportar a situaciones reales o imaginarias muy alejadas de lo que nos preocupa, hecho que nos desconecta un poco de lo cotidiano. Descansar también consiste en desmenuzar las experiencias placenteras para vivirlas mejor. Conseguir experimentar cada una de las sensaciones que nos produce, y disfrutar de ellas, como lo haría un niño, aunque las hayamos vivido anteriormente. Cada experiencia, aunque sea repetida, es única. Tratar de rescatar nuestra mente de principiante siempre es acertado.

Desconectar no siempre resulta fácil, sobre todo cuando nuestra mente pasa largos ratos divagando o estamos angustiados por algo. Pero aunque parezca suponer a priori un esfuerzo más, o tengamos la sensación de estar perdiendo el tiempo con ello, es algo muy necesario. También debemos permitirnos perder el tiempo. Tal cual. No tener nada que hacer y no hacer nada cuando se está agotado es de las mejores opciones. Es lo más efectivo para nuestra propia productividad, nuestro bienestar y lo más saludable anímica y físicamente.

Tratando de descansar, a veces llegamos a experimentar cambios bruscos, sobre todo en nuestro estado de ánimo, pero aunque esto sea a la larga para mejorar, también es una situación novedosa que incide en nuestras costumbres y a la que nos tenemos que adaptar. Esto, paradójicamente, supone un estrés añadido a veces. No olvidemos que lo que es diferente, aunque sea en positivo, supone una adaptación por nuestra parte y un esfuerzo.

Lo preocupante es que nuestra mente no descanse. Por ejemplo, puede darse el hecho de que estemos tumbados en la playa, o caminando tranquilamente por la naturaleza, y que, sin embargo, nos sintamos peor que si estuviéramos en la oficina. Esto es algo más que un despropósito, pero es que el estrés acumulado no nos permite disfrutar. Aunque físicamente estemos ahí, nuestra mente no lo está. Nos desliga del presente y no nos deja descansar, pues sigue rumiando aquello de lo que deberíamos descansar, o incrementando nuestra ansiedad, que está transitando en esos momentos por la preocupación de futuro, o por lo ya obsoleto del pasado. Pero el estrés que llevamos acumulado también lo tenemos que canalizar y apaciguar. A veces, la inercia de la acción a la que estamos acostumbrados nos mantiene muchos días en zozobra tratando de encontrar un tronco al que asirnos en el mar muy revuelto que es nuestra mente. O sea, tratamos de buscar siempre algo que hacer en medio de la agitación mental. En nuestro día a día, muchas veces solo el hecho de hacer lo que sea, ya es suficiente para tranquilizarnos. Pues al hacer muchas cosas, nos pensamos muy válidos y competentes. Apaciguamos la intranquilidad. Sobre todo, sentimos que podemos controlar y llevar los mandos de nuestra vida, algo que nos da seguridad, pero también agota. No tiene por qué ser este el camino.

Si verdaderamente consigues distanciarte de las preocupaciones, habrás notado que las cosas en perspectiva se ven mucho más claras ahora, y que aumenta tu fortaleza mental para hacer frente a lo que te estaba martirizando y no sabías como resolver. Es más, cuando te distancias, también te llenas de nuevos propósitos que ahora desde la desconexión no te resultan tan inalcanzables, pues estás mucho más seguro de la posibilidad de lograrlos.

Pero una vez más acaban las vacaciones y llegas a tu rutina, ¿Cuánto tiempo en tu hábitat habitual necesitas para desviarte de tus propósitos? ¿Cuánto tiempo más puedes estar positivo e ilusionado, con la vista puesta en tus metas, antes de que el primero de los problemas te sumerja en la más conocida de tus preocupaciones?

Entonces te vuelves a encontrar con variables con las que puede que no contaras. La vida no deja de ser una continua interrelación de personas y un continuo fluir de amenazas a nuestra integridad y seguridad. Por otro lado, la rutina se impone como una especie de losa que te sumerge nuevamente en las mismas dificultades de siempre, u otras añadidas.

Tus prioridades se vuelven a confundir. Lo que seguramente capta tu atención, aun no siendo deseable, es aquello que se anuncia con el cartel de "urgente", aunque no sea en absoluto importante. Entonces nos ponemos en acción, olvidando la dirección en la que nos hemos propuesto ir y nuestras intenciones. Es en este momento cuando entramos en la zona de peligro. ¿Qué pasa con lo que tan concienzudamente nos habíamos propuesto?, ¿con nuestra intención positivamente racional y emocional de lograr lo que queremos y de estar como queremos?

La clave, entonces, en estos momentos es parar, aunque sea por un corto espacio de tiempo, y alejarnos momentáneamente de lo que nos pasa y adquirir consciencia, una vez más, de lo que está ocurriendo realmente. Solo no dejándonos llevar por la forma mental que nos desconecta del presente podemos afrontar lo que nos desvía de nuestros propósitos y buenas intenciones.

Lo importante es darnos cuenta de que lo que está pasando en lugar de dejarnos turbar por las prioridades ajenas y temer lo que antes de irnos de vacaciones nos parecía imposible de solucionar. Si conseguimos distanciarnos de la rutina durante la rutina, seremos capaces de seguir viendo con mayor claridad nuestros propósitos en el horizonte; es importante no perderlos de vista, aunque provisionalmente los tengamos que postergar. Aun así, cuando varios objetivos entren en conflicto, acuérdate principalmente de tus prioridades, esas que te han parecido que merecían la pena.

También debemos encontrar pequeños "momentos de evasión". Cuando estamos en un punto máximo de tensión, habiendo dedicado gran parte de esfuerzo o tiempo ocupándonos de un determinado problema, es decir, cuando tenemos motivos para estar cansados, o muy cansados, entonces es el momento de desconectar. Un paseo puntual, una ducha, un café o alejarnos unos instantes y respirar profundamente nos puede servir de evasión. Debemos incluso obligarnos a perder tiempo en descansar porque, a la larga, es tiempo ganado.

Cuando logras desconectar y te dejas simplemente fluir, tratando de alejarte mentalmente de la rutina, es cuando, por fin, se pueden encontrar soluciones e ideas. Es por eso por lo que el gran esfuerzo, que te ha tenido un largo tiempo preocupado por algo, debería acabar en una necesaria desconexión. Antes de caer en el agotamiento, debemos ser conscientes de que estamos llegando a nuestro límite de tolerancia al estrés.

Al vivir en sociedad, se nos exige competir, batallar, conseguir…. Lo importante parecen ser las metas y no el camino para lograrlas, pero lo que parece aún más claro, es que el tipo de metas a conseguir no siempre son las más relevantes para hacernos realmente sentir bien. Puede que nos engañen durante largo tiempo, pero la verdad termina saltando a la luz, normalmente ante las cosas importantes de verdad.

La meta para estar bien tiene mucho más que ver, no solo con cosas inmateriales, sino con el propio cuidado personal, y con esto me refiero a cuidarse de verdad, no solo pretendiéndolo ni creando una idea falsa de autocuidado.

Debemos cuidar la mente, pues la mente es el espejo donde se reflejan todas las cosas. Cuando este espejo está limpio, las cosas se reflejan tal cual son; las reconocemos simplemente. Debemos aspirar a que nuestro "espejo" esté lo más limpio posible, a fin de que así podamos reconocer la realidad sin que nuestras distorsiones de pensamiento nos alejen de ella.

Una buena reserva cognitiva es muy recomendable, pues así podremos hacer frente al daño neuronal que se puede producir con los años. Esta reserva la conseguimos con el aprendizaje y la actividad intelectual. A menos que haya una enfermedad degenerativa de las neuronas, como en el caso del alzhéimer, el cerebro no se desgasta tan fácilmente, por tanto, nuestras cualidades mentales existen siempre y nos van a funcionar hasta el resto de nuestros días. Es bueno ejercitarlas. Pero la parte emocional también debemos vivirla y desarrollarla. Las emociones negativas inciden en el deterioro del cerebro. La ansiedad y la depresión mantenida a lo largo de la vida acortan también la salud mental y acarrean enfermedades neurovasculares. Se ha comprobado que un 30 % de los enfermos con problemas cardiovasculares han pasado por episodios de ansiedad y depresión a lo largo de su vida.

Lo que le ocurre al cuerpo también le ocurre a la mente, y viceversa. La medicina moderna sabe que la enfermedad del cuerpo puede proceder de una mente enferma. Las emociones son creadas por nuestra forma de pensar la mayoría de las veces. No podemos dejar de pensar ni dejar nuestra mente en blanco, pero si podemos aprender a vivir nuestro torbellino de pensamientos de una forma más razonable y cubrirlos de un barniz de positividad.

La positividad también se logra de otras maneras, por ejemplo, desdramatizando y relativizando las cosas que nos pasan. A veces, los pensamientos negativos, que sobre todo nos llevan al futuro, someten a prueba nuestras resistencias, pues son catastróficos y obsesivos y nos transportan, como en una película trágica, al peor de los desenlaces. Nos tomamos demasiadas cosas no importantes en serio. Con el tiempo descubrirás que hay muy pocas cosas que realmente merezcan ser tomadas tan "a pecho", siendo una de ellas la salud.

No ser excesivamente exigentes con nosotros mismos ayuda a no amargarnos en el trabajo. Todo tiene unos límites. Es decir, la perfección está bien, pero muchas veces, ansiando esa perfección, nos creamos un estado de infelicidad y ansiedad interno permanente que no solo no nos deja vivir, sino que va en detrimento de nuestro propio bienestar. Existen técnicas de entrenamiento mental, como el *mindfulness,* que nos ayudan a disminuir el tiempo que estamos divagando cuando hacemos algo y nos conecta con nosotros mismos y nuestro presente. Con esta herramienta, ampliamos la atención en lo que nos ocupa, evitando estar merced de los pensamientos de pasado y de futuro que nos hacen infelices y nos crean ansiedad.

Los beneficios del *mindfulness* han sido demostrados empíricamente, apoyados por la ciencia y aplicados en grandes compañías y otros múltiples entornos con buenos resultados. El objetivo del *mindfulness* es inclinarnos más a la conciencia y menos al pensamiento.

El *mindfulness* nos ayuda a acercarnos a aquello que no aceptamos y a mirar de frente con valentía y sin aversión lo que no nos gusta. Familiarizándonos con las cosas que nos resultan desagradables conseguiremos transformar el dolor, el daño y el sufrimiento en realidades aceptables que nos impulsarán a la vez que nos pondrán en contacto con nuestra propia naturaleza.

Si escuchamos las manifestaciones de nuestro cuerpo con atención, podremos traer a la conciencia todas las sensaciones a las que tenemos acceso y que son tan importantes para mantener la salud. Las impresiones que nos llegan a través de los sentidos, así como los pensamientos y las emociones, al ser traídas a la conciencia, harán que cambie nuestra experiencia y nos harán más fuertes.

En un mundo tan complejo, global, tecnológico y excitante, sabemos que podemos desarrollar nuestras capacidades mentales mediante un entrenamiento de nuestra mente: podemos desarrollar nuestra concentración, pero debemos ser constantes. Es fácil de entender que no conseguiremos un cuerpo escultural por habernos machacado un único día en el gimnasio; pues con el entrenamiento de la mente sucede lo mismo: es necesario llevar la práctica a la rutina, y a ser posible hacer de esto un hábito. Merece la pena si consideramos que es la mente la que nos permite interpretar y responder ante la vida.

Mediante la atención plena conseguimos mejorar capacidades como la atención, la cognición y la inteligencia emocional y hacer que estas sean más eficientes. Nuestras funciones cognitivas, como la memoria, necesitan de la atención. A veces podemos creer que nos falla la memoria, cuando en realidad es atención lo que no tenemos.

Otras técnicas psicológicas que se pueden poner en práctica para disminuir el estrés laboral son: la técnica de visualización, las técnicas de relajación, como la de Jacobson, la reestructuración cognitiva, la de desensibilización sistemática de Wolpe, la musicoterapia, la risoterapia y el yoga.

La técnica de visualización sirve para imaginarnos viviendo distintas situaciones como nos gustaría que ocurrieran. Hay varios tipos de relajación. La más conocida es la relajación progresiva de Jacobson, donde nos vamos centrando en distintas partes de nuestro cuerpo tratando de detectar la tensión para después relajar esa parte. Se produce un control voluntario a partir de la tensión-distensión. La técnica de reestructuración cognitiva y las técnicas cognitivo-conductuales consisten en detectar los pensamientos negativos o irracionales sobre una situación, para sustituirlos por otros más apropiados. Influye directamente en nuestras creencias limitantes y los pensamientos generados por ellas.

Por último, considerar, cuando nos sentimos mal, que es bueno para nosotros la ayuda profesional; pedirla es un acto inteligente. Que algún psicólogo o psiquiatra, ajeno a nosotros y nuestros problemas, nos apoye y ayude a reinterpretar los hechos que nos preocupan alivia mucho nuestro sufrimiento, pues nos hace ser conscientes de muchas cosas que quizá no veíamos.

Mente y cuerpo forman una totalidad y se influyen mutuamente. *Mens sana in corpore sano* ya sabemos qué significa: que cualquier disciplina sana que demos al cuerpo va a influir de manera directa en nuestro funcionamiento mental. Está demostrado que cualquier actividad física incide en la neurogénesis de nuestro cerebro.

La neurogénesis es la capacidad que tiene nuestro organismo de crear nuevas neuronas a partir de células madre o de crear nuevas sinapsis entre neuronas, es decir, de fomentar y crear hábitos saludables. El ejercicio físico, sea del tipo que sea, incluso el caminar, es un hábito que no deberíamos perder nunca, pues hace que se produzca la neurogénesis. Las personas que hacen cualquier tipo de ejercicio físico o deporte suelen ser más optimistas y resilientes. Además, así aumenta nuestra fuerza de voluntad y determinación al tratar de conseguir nuestros objetivos. El sueño, una buena dieta y el deporte son fundamentales para nuestra salud global. El ejercicio físico induce en el cuerpo la producción de una gran variedad de sustancias químicas buenas para nuestro funcionamiento orgánico, como las endorfinas, la serotonina, la dopamina, la epinefrina y la norepinefrina; por eso es tan necesario. Andar una hora cada día, aunque no practiques ningún deporte, ayuda sobremanera a estar en forma mental, no solo física.

Pero no solo es el ejercicio físico, la alimentación tiene un papel fundamental en nuestra salud y bienestar. Alimentos que se recomiendan para reducir el estrés son: la avena, pasta, pan y cereales integrales, denominados como hidratos de carbono complejos, los cuales se digieren más lentamente; los espárragos, ricos en ácido fólico; yogures naturales para regenerar la flora intestinal; las verduras y frutas rojas y moradas, como la lombarda, las berenjenas, los arándanos y las cerezas, que protegen contra las enfermedades cardiovasculares; el marisco, rico en zinc, combate el cansancio y nos da energía; los cítricos, como los limones y las naranjas, con su vitamina C, refuerzan el sistema inmunológico; la albahaca, pues masticar sus hojas ayuda a prevenir el estrés; el pescado, especialmente el salmón y el atún, por su omega 3; las espinacas, ricas en magnesio, que reduce los niveles de estrés; los anacardos, ricos en magnesio que proporcionan oxígeno para el cerebro; el té, que ayuda a reducir el cortisol; los pistachos, que disminuyen la tensión arterial; las verduras crudas, como la zanahoria o el apio; la leche, cuyo calcio alivia la tensión; las almendras, que contienen vitaminas E y B y refuerzan el sistema inmunológico. Tenemos que comer frutas, verduras de raíz (zanahoria, cebolleta…), algas de todo tipo, cereales como el arroz integral y legumbres, especialmente las alubias de la clase que sean. Da prioridad al pescado con respecto a la carne y huevos en cantidad moderada. Las grasas saludables, como el aceite de oliva y el aguacate, son muy recomendables. Por último, no olvides las sopas y caldos de verduras ni dejes de lado a las vitaminas del grupo B, al magnesio, a los aminoácidos y demás suplementos nutricionales naturales.

El estrés nos produce acidez estomacal, por lo tanto deberemos acudir a alimentos que compensen esta acidez, y, de vez en cuando, hacer una dieta alcalinizante. Nuestra dieta habrá de estar orientada a reducir la inflamación que el estrés produce en nuestro organismo.

Mientras trabajas puedes, de vez en cuando, levantarte y realizar algún pequeño ejercicio físico, como bajar y subir una escalera o darte un pequeño paseo, incluso por un pasillo; también puedes hacer estiramientos. Todo esto nos ayuda a equilibrar el PH interno y a sentirnos aliviados del trabajo.

Por último, el sueño es imprescindible; tanto en cantidad como en calidad. Todos necesitamos dormir un número de horas sin las cuales no podemos rendir lo suficiente. La hora de irse a la cama debería ser respetada, tratando de disminuir a última hora, cuando estemos a punto de ir a dormir, aquellas actividades y preocupaciones que nos agiten, o supongan un esfuerzo, ya sea cognitivo o físico. Evita cualquier cosa que te pueda perturbar emocionalmente, como ver una película o hablar con alguien que nos intranquilice.

Algunas cosas que puedes hacer en el lugar de trabajo para cuidarte son:

- Pausas periódicas en cuanto a la concentración de la vista en algo, como en una pantalla. Ejercicios de relajación de la vista, como ponerse las palmas de las manos en ambos ojos y no ver ninguna luz durante unos minutos.

- Hacer pequeñas pausas para relajar la tensión muscular, haciendo estiramientos de brazos, cuello y piernas.

- Tener conversaciones informales con compañeros.

- Fomentar el autodiagnóstico y la auto prevención mediante carteles, sesiones informativas, etc., por parte de la empresa como programas de salud colectiva.

Epílogo

El estrés es algo con lo que convivimos todos los seres humanos desde que nacemos hasta que morimos. Es algo fundamental que permite nuestra supervivencia. El problema es que muchas veces, las situaciones estresantes nos sobrepasan por acumulación. Entonces nos acostumbramos tan solo a sobrevivir, y nos habituamos al miedo cuando nos sentimos incapaces de gestionar adecuadamente lo negativo que nos suceden o no amenaza.

El problema del estrés radica en que se puede convertir en nuestro peor enemigo, pudiendo sin embargo ser potencialmente beneficioso para nosotros. Aunque tenemos recursos para vivir y crecer también gracias a él, lo cierto es que muchas veces nos cuesta sobremanera el hecho de enfrentar los problemas y adversidades.

El hombre tiene la capacidad de subsistir, sufriendo lo menos posible. Lo verdaderamente descorazonador es que tengamos esa tendencia nefasta de luchar con nosotros mismos, en vez de hacerlo contra el estrés. De no reconocer que somos capaces de vencerlo en todas las ocasiones.

La lucha y la prevención del estrés en el trabajo, es una responsabilidad moral por parte de todos. A pesar de eso, la mejor opción sigue siendo hacernos fuertes frente a él. Y esto es muy posible. Nuestra **mente** y su fuerza no tienen límites si sabemos descubrir cómo hacerla **nuestra aliada.**

Bibliografía

BEEHR Y BHAGAT, *Human stress and cognition in organizations*, Editorial John Wiley & Sons, 1985.

BENITO, J., *Gestiona tu tiempo*, Editorial Amazon, 2015.

BRUNET, L., *El clima de trabajo en las organizaciones*, Editorial Trillas, 2011.

C.L. COOPER & R.PAYNE, *Causes, coping and consequences of stress at work*, Editorial John Wiley & Sons, 1994.

EMMA SUE PRINCE, *Las siete habilidades para el futuro*, Editorial Empresa Activa, 2019.

GOLEMAN, D., *Inteligencia emocional*, Editorial Kayros, 1996.

GREENBERG, L., *Responses to stress: occupational aspects*, Amazon, 2017.

PEIRÓ, J.M., *Desencadenantes del estrés laboral,* Ediciones Pirámide, 2005.

PEIRÓ, J.M., *Introducción a la Psicología del trabajo,* Editorial Centro de Estudios Financieros, 2013.

RODRIGUEZ, L.C., *Estrés: somatización, consecuencias y efectos a nivel físico, emocional y energético,* Amazon, 2020.

SELYE, H., *The stress of life,* McGraw Hill, 1978.

VIDAL, *El estrés laboral. Análisis y prevención,* Editorial Prensa Universitaria de Zaragoza, 2019.

VIOLA DI RUSSO, *Resiliencia: Ejercicios útiles y eficaces para combatir el estrés, los problemas y posibles contratiempos,* Editorial Amazon, 2020.

Nuestras colecciones

Guías para todos aquellos que deseen ampliar sus conocimientos sobre asuntos específicos, grandes personajes, épocas, culturas, religiones, etc., ofreciendo al lector una amplia y rica visión de cada una de las temáticas, accesibles a todos los lectores.

Guías para gestionar con éxito un negocio, vender un producto, servicio o causa o emprender. Pautas para dirigir un equipo de trabajo, crear una campaña de marketing o ejercer un estilo adecuado de liderazgo, etc.

Guías para optimizar la tecnología, aprender a escribir un blog de calidad, sacarle el máximo partido a tu móvil. Orientaciones para un buen posicionamiento SEO, para cautivar desde Facebook, Twitter, Instagram, etc.

Guías para crecer. Cómo crear un blog de calidad, conseguir un ascenso o desarrollar tus habilidades de comunicación. Herramientas para mantenerte motivado, enseñarte a decir NO o descubrirte las claves del éxito, etc.

Guías prácticas dirigidas a la salud y el bienestar. Cómo gestionar mejor tu tiempo, aprenderás a desconectar o adelgazar comiendo en la oficina. Estrategias para mantenerte joven, ofrecer tu mejor imagen y preservar tu salud física y mental, etc.

Guías prácticas para la vida doméstica. Consejos para evitar el cyberbulling, crear un huerto urbano o gestionar tus emociones. Orientaciones para decorar reciclando, cocinar para eventos o mantener entretenido a tu hijo, etc.

Guías prácticas dirigidas a todas aquellas actividades que no son trabajo ni tareas domésticas esenciales. Juegos, viajes, en definitiva, hobbies que nos hacen disfrutar de nuestro tiempo libre.

Guías para aprender o perfeccionar nuestra técnica en deportes o actividades físicas escritas por los mejores profesionales de la forma más instructiva y sencilla posible,